El albur

Método introductorio

A travieso...
nadie me gana

Atrás se pide, pero por
delante se despacha

Ni chica ni grande...
pero no te quedas con hambre

¿Cuánto pesa un saco
de cacahuates?

El albur

Método introductorio

Tato Garibay

con la colaboración de:

Alma Marcela Silva de Alegría
Carmela Peláez
Roberto Zacarías Blanco

y
Agapito López Cabas

Grupo Editorial Tomo, S.A. de C.V.,
Nicolás San Juan 1043,
03100, México, D.F.

1a. edición, febrero 2007.
2a. edición, octubre 2008.
3a. edición, febrero 2010.

© *El albur. Método introductorio*
Tato Garibay

© 2010, Grupo Editorial Tomo, S.A. de C.V.
Nicolás San Juan 1043, Col. Del Valle
03100 México, D.F.
Tels. 5575-6615, 5575-8701 y 5575-0186
Fax. 5575-6695
http://www.grupotomo.com.mx
ISBN: 970-775-241-6
Miembro de la Cámara Nacional
de la Industria Editorial No. 2961

Diseño de Portada: Trilce Romero
Formación tipográfica: Luis Raúl Garibay Díaz
Supervisor de producción: Leonardo Figueroa

Impreso en México - *Printed in Mexico*

Dedicatoria

A Ana Laura, la sonrisa más bella que cada mañana me despierta…

A Luis Raúl, mi invencible guerrero que día a día me asombra y llena de orgullo…

A Marco Antonio, mi incansable, hermoso, pícaro e inquieto cachorro…

A Ricardo Morales "el Pollo" y a "Lalo" Pulido por su valiosa contribución y revisión a este futuro *best seller*.

A Josué, Mario, Mayito, Moisés, Arturo, Toño y Méndez, que con "sus cosas", además de alegrarme las mañanas en la oficina, me han dado suficiente material para redondear este libro.

Y a todos aquellos que, de una manera u otra, mantienen viva la alegría del mexicano. Un millón de gracias.

Introducción

Cuando alguien menciona la palabra albur, muchas personas imaginan inmediatamente groserías, malas palabras, falta de respeto, poca educación, baja calidad moral, etcétera.

Y aunque pudiera pensarse que esto es cierto y que el albur es una forma de expresión de las clases más bajas y menos capaces de articular el idioma de una manera coherente y respetando las normas del mismo, todo esto está muy lejos de la realidad.

El albur se emplea, por lo general, para resaltar el ingenio del individuo y dominar a su oponente, y si se puede, humillarlo frente a la conocedora audiencia. La connotación sexual va implícita en el albur, y ésta se usa entre los caballeros para poseerse sexualmente, es decir, el que más conocimiento y habilidad demuestre en este arte, acaba por "chingar" al más débil, aunque esto no se mencione de forma consciente.

Y nadie mejor que el mexicano para "chingar". Ya lo dejó muy claro nuestro eminente Premio Nobel de Literatura Octavio Paz:

En nuestro lenguaje diario hay un grupo de palabras prohibidas, secretas, sin contenido claro y a cuya mágica ambigüedad confiamos la expresión de las más brutales o sutiles de nuestras emociones y reacciones... Palabras que no dicen nada y dicen todo... Esa palabra es nuestro [como mexicanos] santo y seña... Por ella nos reconocemos entre extraños... Conocerla, usarla, arrojándola al aire como un juguete vistoso o haciéndola vibrar como un arma afilada, es una manera de afirmar nuestra mexicanidad. La chingada es, ante todo, la madre, una madre mítica... Es una representación mexicana de la maternidad... El hijo de la chingada es el engendro de la violación, del rapto, de la burla... El poder mágico de la chingada se intensifica por su carácter prohibido. Nadie la dice en público. Solamente un exceso de cólera, una emoción o el entusiasmo delirante justifican su expresión... Es una palabra que se oye entre hombres o en grandes fiestas... Al gritarla rompemos un velo de pudor, de silencio, de hipocresía. Nos manifestamos tal y como en verdad somos... Para el mexicano, la vida es la posibilidad de chingar o de ser chingado... Cuando decimos 'vete a la chingada', enviamos a nuestro interlocutor a un espacio lejano, vago e indeterminado, país gris que no está en ninguna parte.

El albur fue creado para no entenderse y así pasar desapercibido ante las incautas víctimas de la agresión; y siendo honestos con nosotros mismos, todos hemos llegado en algún momento a hacer uso de él, ¿a poco no? Y algo curioso y digno de mencionar, es el hecho de que, a pesar de haber sido diseñado para gente con genitales masculinos –y no es nada en contra de las damas–, y de que muchas mujeres deberían, en teoría, quedar excluidas de este arte, pues sólo lograrían "auto-alburearse", en competencias llevadas a cabo en barrios populares como Tepito, se ha descubierto que ellas son tan o más hábiles que los caballeros a la hora de alburear.

Un poco de historia...

Podríamos pensar que el albur, al tener una identidad y características tan nuestras, dio inicio en este continente. No obstante, y a pesar de no contar con pruebas fehacientes de ello, se sugiere en varios lugares que su origen se remonte a textos de la picaresca española. Otros más aventurados, afirman que surge de los relatos orales populares en la Europa medieval. Estos relatos, en su mayoría relativos al deseo sexual, la crítica religiosa o política, llegaron a los oídos de escritores que, con el tiempo, llegarían a convertirse en clásicos.

Tal es el caso de Bocaccio, quien en el año de 1352 da a conocer su *Decamerón* (publicado por Grupo Editorial Tomo), que no es otra cosa más que un compendio de relatos italianos con un alto contenido sexual. En uno de estos relatos, un personaje de nombre Pionera, utiliza una frase que, incluso hoy, podría usarse con ese doble sentido que necesita un buen albur: "Vamos a meter al diablo en el infierno".

Por lo que se refiere a nuestro continente, fue en la Nueva España donde se comenzó a utilizar un lenguaje con doble sentido. Los indígenas que trabajaban en las viejas haciendas tenían estrictamente prohibido hablar de "su" religión, de rebelarse o de reírse frente a sus patrones. Así pues, se vieron obligados a mezclar e idear un nuevo "idioma" con el cual hacer y comunicar todo lo que desearan sin ser castigados.

Sería sumamente aventurado tratar de descubrir cómo, por qué y, sobre todo, cuándo este lenguaje tomó un sentido enteramente sexual, dando así paso al albur. No obstante, al entender el sometimiento, maltrato y vejaciones de que eran objeto nuestros antepasados, no es difícil imaginar que esta forma de comunicación comenzara como un juego y se convirtiera pronto en una forma de vengarse o desquitarse de los españoles –en otras palabras, de *chingárselos.*

En nuestro bello y querido México, allá por los años 30 y 40, cuando las carpas y los teatros de revista estaban en su mejor época, personajes como Jesús Martínez *Palillo,* el *Panzón* Soto, el *Chato* Ortín y muchos más, divertían a la clase trabajadora ávida de risas y diversión con ingeniosas rutinas cargadas de albures. De igual forma, cuando la época de oro del cine mexicano tomó fuerza, los encargados de expresar este arte fueron personajes como Medel, Cantinflas o Tin Tan.

Para los años 60, *Los Caifanes*, de Juan Ibáñez, refleja la realidad de la Ciudad de México, exhibiendo el microcosmos del inframundo urbano, y sus usos y costumbres en la verborrea eran cada vez más afiladas; de esta forma el albur empieza a ser un cotidiano protagonista dentro del cine mexicano.

Para la década de los 70, las películas de albañiles y cabareteras se caracterizan, además de los desnudos, por sus ingeniosos diálogos llenos de albures. Para muchos la calidad en las historias y las actuaciones dejan mucho qué desear, pero en cuanto al tema que nos ocupa, fue una época pródiga y llena de excelentes materiales. Personajes como Héctor Suárez, Rafael Inclán, Manuel el *Flaco* Ibáñez, Pedro Weber *Chatanuga*, Polo Ortín, César Bono, Alfonso Zayas y muchos más pasarán a la historia más por sus albures que por sus actuaciones.

Vocabulario general y sinónimos

Como ya te lo hemos mencionado, el albur es un juego de destreza, habilidad y agilidad mental. Para poder contestar cualquier albur debes, primero que nada, conocer perfectamente los sinónimos más comunes que hay en este arte.

La memorización de los siguientes sinónimos y sobrenombres, así como tu ingenio y rapidez mental, harán de ti "el chico temido de la colonia".

Ano: Anillo, anís, aniseto, anófeles, anubis, asterisco, bújero, chicarcas, chico, chiflo, chimuelo, chiquilín, chiquistriquis, chiquito, chismosito, coño, el de hacer caca, el de hacer pun, fundillo, fuste, hojalatero, hoyo, mechas, medallas, merezco, mil arrugas, ojal, ojo, ojo rojo, olla, pedorro, pequeño, prestas, pones, remolino, remolino del cuerpo, solecito.

Excremento: Abono, acoto, aguas mayores, basura, boñigo, bosta, burrajo, caca, cacahuate, café, cagada, cagarruta, cake, calabaza, cerote, cucho, defecación, deposición, estiércol, evacuación, fiemo, freza, frijoles, gallinazo, guácala de pollo, humus, lodo, majada, mantillo, miércoles, mierda, mojón, murcielaguina, palomino, pastel, popó, porquería, kawasaki, saco, sedimento, sirle, sirria, tele-fax, tripa, zurrada, zurrullo.

Flatulencia: Aire, espíritu, fétido, gas, gaseosa, oloroso, pedal, pedazo, pedernal, pedestal, pedo, pedúnculo, PEMEX, pericle, pez, pius, pluma, prrt, pun, purrúm, ruidoso, saco, sacudo para no barrer, uno, ventoso.

Glúteos: Ancas, anchas, aposentaderas, asentaderas, asiento, bollos, bote, bullarengue, cabus, cachas, canco, culo, cunde, fondillos, ganapán, ignacias, jamones, las de atrás tiempo, las de carne, las naylon, nachas, nálgame Dios, nalgas, nalgatorio, petacas, pompas, popa, posaderas, rabel, retaguardia, rulé, salvahonor, tafanario, tambochas, tambos, teleras, torombolas, tortas, tras, trasero, traspontín

Masturbación: Amistosa, chaira, chamarra, chaqueta, gabardina, hacerse una, jalada, Jalapa, jalarle el pescuezo al ganso, jalársela, Jalisco, jalones, Manuela, pajilla, pajuela, palma #5, Palmira, puñeta, sacarle el veneno a la boa.

Pene: Antena, asta, bálano, Berenice, bicho, brocha, cabeza, cabezón, camarón, camote, cangrejo, cañón, capullo, cara de haba, chile, chipote, chorizo, chostomo, corneta, dedo, delantero, don Fulencio, el chato, el dedo sin uña, el del casco nazi, el de hacer chamacos, el flaco, el grande, el onceavo dedo, el pirata chino, el pirata Morgan, el sin hombros, el tuerto, elote, envergadura, estaca, falo, garrote, la boa, la de mi Arturo, la del burro, la más amiga, la negra, la pescuezuda, la prieta, la "quemba" (raza), la serpiente, lancha, langosta, lápiz, largo, leño, longaniza, macana, pivote, machete, manguera, mástil, mastique, me soplas, metiche, miembro, minga, minina, mochococho, monstruo, negro, ñonga, órgano, pájaro, palo, pelón, pelona, pepino, Pepito, percha, perinola, picha, pija, pirila, pistola, pito, plátano, polla, priapo, reata, rifle, sable, salami, salchicha, tranca, trompeta, tubo, va haber-gansito, va haber-galletas, va haber-gasnates, vara, verdolaga, verdura, verga, vergonzoso, vergüenza, versh, zanahoria.

Relaciones sexuales: Aventarse a alguien, aventarse uno, clavar, coger, darle pa' sus tunas, echar a nuestro amigo de cabeza, echar pata, echarse a alguien, embarrar, enterrar a nuestro mejor amigo, limar asperezas, matar al oso a puñaladas, mojar brocha, pisar, ponchar, ponerle, recoger piedritas, tronar, un cojín, un palenque, un palito.

Semen: Baba, blanca, blanco, chispas, crema, jocoque, jugo, leche, mecos, mocodilato de mi palato, mocos, sacas, techo, yogurt.

Senos: Bubis, chicha, chicharrón, chiches, luces altas, mamas, mellizas, melones, montes, montículos, niñas, pechonalidad, pechos, pechuga, senotes, sobrinas, teclado, teclas, tetas, tetonas, ubres.

Testículos: Aguacates, balines, bolas, bolsas, cacahuates, campanas, canicas, cascarones, cocos, cojones, compañeros, compañones, compas, cremas, criadillas, cuates, cuirias, gemelos, herederos, herencia, huerfanitos, huevalines, huevos, los hijos, melones, óvalos, pelotas, tanates, tecojotes, testes, testigos, tompeates, turmas, wilbur.

Vagina: Agujero, aquellito, araña, bizcocho, cañón del sumidero, chango, chico, chocho, cocho, coñac, coño, el de hacer pis, garage, guayabo, hoyo, labión, lo mío, medallas, medallón, molcajete, mono, muñeca, muñeco, oso, panocha, papaya, pedazo, peludo, pepa, pucha, quinto (cuando es virgen), raja, rajada, rata almizclera, raya, simio, tarántula, triángulo, yo-yo.

La finalidad del albur, como ya se ha menciondo, es el "someter" o "violar" a nuestro contrincante, claro, solamente en forma verbal. En otras palabras, a esta sumisión o violación se le conoce como chingar. Es también muy importante la combinación de palabras y conceptos dentro del diálogo. Esto es, muchas veces quizá no se entienda nada al escuchar una frase, pero si le damos un énfasis diferente a la oración o hacemos la partición silábica de otra forma, el albur queda expuesto.

Con los términos anteriores puedes darte una idea de lo que puedes usar a la hora de alburear, pero hay muchas frases o palabras "inventadas" que te ayudarán enormemente.

Por ejemplo, la siguiente lista de respuestas rápidas ante un ataque te será siempre útil. Analízalas, estúdialas y, sobre todo, apréndelas para que no te agarren de "bajada".

Qué contestar si te dicen…

Blanco:
¡Eh, chocante!,
¡Ah, viento el de Pachuca!
¡Sácale!
¡S'acá te espero!
S'a caballo nos marchamos.
Chispas.
Jalapa.
Techo.
Zacapoaxtla.
Zacarías.
Zacatecas.
Zacatlán.
Zacazonapan.

Caballo:
¡Arrancones nos echamos!
Loquito.

Calzones:
¡Bajo hasta los talones!
De bajo color.

Cola, culo, chico, hoyo, nachas, etcétera
¡Ah!, travieso muchacho.
¡Eh, chaparrín!
¿Cómo dices?
¿Cómo?... ¿a qué hora fue eso?
¿Mmmm...?
Chingo y disimulo.
Dame tu opinión.
Échame a mí la culpa.
En su moto se fue.
Mande usted.
Me das miedo.
Me pones a pensar.
Pasas por mí.
Préstame atención.
Traspaso negocio por no poder atender.

Chamaco, niño:
¡Ah, gobierno tan cabrón!
Agosto es lluvioso.
Agoniza la nación.
Hago que no oigo.

Hago que no veo.
Santiago barrigón.

Chaqueta, Manuela, mamada, etcétera:
Dame dos para llevar.
Dame un minuto y te respondo.
Hazme el favor.
Hazme un servicio.
Me haces sentir feo.
Me haces gracia.
Te encargo tres para llevar.

Chinga tu madre:
¿Charra tu madre?, pues móntala en mi burro.
¿Qué brinca tu madre? Llévala a las olimpiadas.
¿Tinga, compadre?, soy vegetariano.
La tuya en vinagre, me la echo en el aire, a las 6 de la tarde y en el circo Atayde.
La zurda, porque la derecha me arde.
Saltando la garrocha pa' que caiga de panocha.

Chocolate:
Es carbohidrato puro.

Flaca:
Es prima mía.

Flaco:
¿Taco?, ahí te va uno de longaniza.

De lejos se ve flaco, pero cuando te lo empaco, se te arruga hasta el sobaco.

Déjame solo.

Forro:
Aplícame en el gorro.

Me pones en el gorro.

Frijoles:
¡Extraigo una conclusión!

¿Los ha cosido bien?

Arrempujo.

Así los acostumbro.

De Apizaco los mejores.

De Zacoalco los más famosos.

Se acostumbra uno a la mala vida.

Se los ha comido el gato.

Hermana
¿Cuál quieres?, ¿la que se levanta temprano o alguna de las dos huevonas?

La macana.

La que traigo de campana.

Mándame saludar.

No gana, su semana le voy a dar.

No tengo, pero te la hago de barro.

Pásame las pinzas.

Te doy una inyección que te sana.

Hijo de la chingada
Sí mamita.
Órale, carnal.

Huevos, güevos, bolas, etcétera:
¡A caricias no me llevo!
¡Arañas las del panteón!
¡Lo siento mucho!
¡Me devora la tristeza!
¿Mame usted?
Acaricicas.
Agarras cuando me muevo.
Apachurras.
Aseas y dejas nuevos.
Babeas.
Chupas y dejas nuevos.
De arañas.
Despeinas.
Lames y dejas como nuevos.
Lijas.
Los pules y te reflejas en ellos.
Mamas.
Mastica Melox.
Mojas.
Muerde Melox.
Muerdes.
No juegues.
Sobastián, ¡qué milagro!
Son tus ojos tapatíos.

Soplas.
Tallas.
Toma Melox.

Juego:
¡Con las bolas del borrego!
¡Con mi primo, Agapito!
¡Las pelotas!

Métete
¡Chispo con la izquierda!
Al centro.
De dos en dos.
Hasta dentro de un rato.
Pa' dentro de ocho días.

Mierda, caca, calabaza, cagada, etcétera:
¡Ah!, flojo muchacho.
A flojo no me ganas.
¿S'a cómo estamos hoy?
¡S' a correr todos!
Saco por conclusión que…

Nachas:
¿A qué hora las despachas?
¡Cómo!, ¿no tienes dinero…?
¡Se las surto aunque estén gachas!
Échame a mí la culpa.
Te las chingo cuando salgas.
Yo las pido y tú te agachas.

Panzón:
Te dejo contento.
Te voy a hacer que me respetes.
Te voy a hacer unas recomendaciones.

Paso:
Las nalgas al payaso.
La lengua por el retazo.

Patas:
Al zócalo.

Pendejo:
Te dejo.
Con tu hermana me emparejo, en la calle de Vallejo.

Pene, miembro, cabeza, etcétera:
¡Así no me llevo!
¡Más callado!
¡Más quedito!
¡Me agarraste descuidado!
¡Me lam'bestido de charro!
¡Me lam'bestido de negro y no es viuda!
¡Me tiendo al quinto!
¡Siéntate bien!
¡Tómalo con calma!
¿Chú paso?
¿Cojo dijo?
¿Mamabas?

¿Mama-das permiso?
¿Mame usted?
¿Pelón?
Asumo que quieres decir algo.
A Taxco hay que dirigirse.
A toros he matado.
Ahí muerde.
Chupan tú y Minerva.
En barras de chocolate (cacahuate).
En cajones.
En su momento lo entenderás.
En tu cola voy a removerla.
En tu lomo.
La memela.
La sumo hasta no verla.
Me agarras desprevenido.
Me torcí un pie.
Me ve Sara.
Muérdemelo a repetir por favor.
No es por dártela a desear, pero…
Pa' que tu alma no se pierda.
Su moda está en Suburbia.
Su moraleja debe tener.
Su moronga, joven.
Su motivo ha de tener.
Sumo hasta no verla.
Te sumo por el caño de la mierda.

Petaca(s):
¡Escarbo con la estaca!

¡Pido mano!
'Ta lloviendo

Pito:
¿Qué comes que adivinas?
¿Más caldito?
Baja la voz.
Centavos no traigo.
Clavo que sí.
Con eso me agarra el sueño.
Cómelo frito.
Chúpalo enterito.
En su morral va mejor.
Es de chupapá.
Más callado.
Más calmado.
Más catorce.
Me torcí la pata.
No desentones.
Pongo a tu consideración.
Su morral perdió un anciano y la viejita lo encontró.
Te doy chance.
Te pongo a pensar.
Te sumo la cuenta y quedaste en cuatro.

Préstame a tu hermana:
Con la que te acuestas como campana en la cama.
La longaza.
Mejor te presto al sin uña una semana.

No tengo ni me la merezco, pero con la tuya amanezco.

Trae garrote entre semana.

¡Prrrttt!, pedo, pedazo, etcétera:
¡Ahí voy, dame un segundito!
¡Cuando se te acabe esa música me das el disco!
¡Cuando se te acabe ese perfume me regalas el frasquito!
¡Despierta pelón, te traen serenata!
¡Dichoso el clavo que ponchó esa llanta!
¡Esa es la voz del que me ama!
¡Ese monito quiere plátano!
¡No cierren, falta el piano!
¡Que con esa música te entierren!
¿S'a cómo el kilo?
¡Sacudió el pico y voló!
¡Sacudo pa' no barrer!
¡Zacoalco, la Villa y Azcapozalco!
A ese culantro le hace falta una regadita.
Ahorita te atiendo.
Así los acostumbro.
Con uñas, dedos y codos te lo saco.
Ese chico me conoce y por eso me está llamando.
Malito, malito y hablando de amores.
Por la voz del enfermo, ya puede comer chile.
Saco con el dedo porque con el pie no puedo.
Saco, revolotéo y ataco.

Puto:
¿Enjuto?
¿Todo junto?, no seas goloso.
Pero bien que te lo sambuto, a ti y a tu tío Canuto.
Pero ahí andas.
Te grito
Te veo triste.

Quinto:
Rompo la amistad.
Me tiendo en la cama.
Te abro una cuenta en el banco.

Mamadas, mamón:
¿Ramón?..., ramón de pelos que tengo aquí.
Dame dos de lengua.
Ponme contento.
La una y dos colgando.

Sebo:
Me quitas por lo que te debo.

Trece:
El culo se te reverdece.
Mientras más lo mamas más me crece.

Techo (te echo):
Las nalgas al pecho.
Tu cola pa' mi provecho.
Tu empinado y yo derecho.

Viento:

A flojo no me ganas.

Mechas en la punta del megatón y enciende tremenda explosión.

Te saco a pasear.

A continuación presentaremos unas frases y/o palabras que te harán más claro todo esto. Por ejemplo, al ver pasar a una mujer con unos glúteos de campeonato, uno le puede decir:

–¿Qué e*nalguna* ocasión no nos hemos conocido?

Como podrás ver, la palabra "nalguna" no existe, es una combinación de en y alguna, pero al juntarlas hacen referencia a las "nalgas" –algo que queremos resaltar en la dama que acaba de pasar frente a nosotros.

Otro ejemplo de esto puede ser cuando alguien que está cerca, involuntariamente, se echa un sonoro flato (mejor conocido como "pedo"); ante tal situación, puedes aprovechar el momento y exclamar:

–*Sacudo* para no barrer.

Si entendemos que la palabra "sacudo" se refiere al verbo sacar y no a lo que realidad significa, el albur toma sentido, ¿no? Ten en cuenta que "sacarle un pedo" a alguien no es sólo asustarlo, y es una forma muy utilizada en el albur.

Hay ocasiones en que una frase nos da la pauta para alburear. Por ejemplo, si escuchamos decir:

–Métanse por favor

Nosotros podemos revirar:

–*De dos* en dos, por favor.

Con esto, a lo que en verdad nos referimos es a que se metan los dedos, no que entren en parejas.

Un último ejemplo, más completo y un poco más complejo es el siguiente diálogo entre dos personajes:

–Hola compadre, ¿como está *su hermana*?

–No tengo… *echas*.

–*Las hacemos*, no hay problema.

–A ver si no se lo *echo a perder*.

Este ejemplo nos sirve para mostrar que las reglas ortográficas no tienen que ser respetadas dentro de los albures. En ellos podremos encontrar barbarismos, cacofonías, homofonías, hiatos, etc. En el diálogo anterior podemos ver que una pregunta aparentemente inocente, suele desencadenar un albur.

La primera persona, al preguntar por la hermana, no lo hace por ser un buen samaritano, sino con la intención de "retar" a su compadre. Éste, al aceptar la afrenta le informa que carece de ellas, pero al mencionar "echas", puede sonar a que sus padres no las "hicieron", pero la breve pausa que hace antes de expresar este verbo, manifiesta su intención de decirle a su compadre que le "aviente" a una suya.

El compadre, ya "entrado en gastos", le propone "hacerlas", es decir, que él con gusto se acostaría con la madre de su contrincante para "fabricar" las hermanas que él no tiene. Por último, el compadre remata el albur manifestando su preocupación por "perjudicarle" el ano a su amigo a la hora de penetrarlo.

Aquí podemos ver lo sucio y desagradable del albur cuando se le toma literalmente. Pero también podemos observar que la estrategia para contestar el albur puede ser utilizando las mismas palabras que el oponente –o por lo menos unas que suenen igual o parecido–, claro, dándoles un diferente significado para "ganar" la batalla.

Nombres, apodos y lugares

Muchas veces un nombre, apodo o lugar nos pueden ayudar a alburear. Recuerda que al leerlos quizá te des cuenta de la verdadera intención en cada nombre. Si no percibes el albur, lee despacio y une palabras, así descubrirás lo ingenioso de cada nombre. No dejes de intentarlo, recuerda que la práctica hace al maestro, y quizá muy pronto, tú puedas hacer creaciones o combinaciones con ellos.

Aquí te presentamos una infinidad de posibilidades de las cuales siempre podrás echar mano:

A. Soto Lama Kana
Agapito Baz Querosa
Agapito Ledesma Mones
Agapito Lope Lara
Agapito Lope Lares

Agapito Lope Penas
Agapito López Cabas
Agapito López Carías
Agapito López Caste
Agapito Melo Aguirre
Agapito Melórquez
Agapito N. Loyola Parada
Agapito Peláez
Agapito Vélez Ovando
Aguayo de la Vega
Ailejo De Mivara
Alberto Carás
Alberto Carlos del Toro
Alejo Díaz
Alejo Dido Arredondo
Alejo Diendo
Alfonso Jr. (o sea Poncho el Chico)
Alma Cano Rosas
Alma Madero Benítez
Alma Madero de Palencia
Alma Madero de Vergara
Alma Marcela Salta de lo Lindo
Alma Marcela Silva de Alegría
Alma Marcela Silva de Gusto
Alma María Fierro
Alma María Rico
Aniceto Medallas
Aniceto Rosado
Anselmo Vemelo

Aquiles Baeza
Aquiles Castro
Aquiles Pico
Aquiles Poncho
Aquiles Poncho Delano
Aquiles Undola Vergara
Armando Barriga
Azuka Motón
Bebe San el Grande
Benito Camelo
Bernal Gastón Medallero
Blanca Gastélum
Blanca Mote Lamas
Carmela Labastida
Carmela Lambes
Carmela Peláez
Carmela Rosas
Carmelo Tallas
Chico Dávalos
Damesio John
Damián el chico
Débora Melcacho
Débora Testa
Dora Mela
Dora Melcacho
Dorotea Tornillo
Dulce Vergara
El Gordo Peláez
Elber González

Elber Gudiño
Elber Gudo Tomás
Elma Cano del Toro
Elma Canon Lamas
Elma Canon Prieto
Elmo Chapitos
Elpidio Vergara Grande
Elsa Blesote
Elsa Cabaña Blanco
Elsa Carías Vergara
Emma Madow
Enriqueta Malown
Enriqueta Nates
Ernesto Carás Troncoso
Estela Rosas Hoyos
Eva Cué Aguado
Felipe Dosaco
Francisco Gerte
Grand Pitt O'Commen
Herculano Medellín
Herculano Ponte
Isaac Amélo
Isaac Arías
Isela Loncha
Isma Martínez del Palo
Jaime Costecho
Jorge Nitales
José Boquitas de la Corona
José Solís Jr. (Solisito el chico)

José Mentecho
Juan Lemabes, el grande
Lalo Onganiza
Laura Dávalos Bustos
Lola Báez
Lola Meráz Rico
Luisa Cado de Pantaleón
Lupe Laste
Marciano E. Chamelo
Marisa Caleche
Martín Cholazo
Memo Hérdez el Grande
Memo Jarás
Miguel Ambes Parada
Miguelito Cabas
Mónica Galindo de Aguilar
Nalgustín Piturbide
Otelo Pico Agustín
Paco Hertz
Palanquearte, el hojalatero
Paloma Madow
Pamela Montoya
Pancho Rea Blanco
Paty La Cabezona
Pepe Navas Fierro
Pilar Godoy
Próculo A. Prieto
Próculo Trueno
Queca Buz

Rebeca Gando
Romeo, el chico
Rosa, la de enfrente
Rosa Melcacho Prieto
Rosa Meleño
Rosa Meza Cabeza
Salomé Terán Tiezo
Sandra Dávalos Bustos
Sango Loteo Rico
Santiago Barrigón
Santiago Garras, el chico
Santiago Pando
Santiago Rico
Silvano De Esgarro
Simón Tolomeo
Sobastián Camo Tejada
Susana Horia
T.A. Toro, el Grande
T.A. Toro Lerriat A. (padre del anterior)
Tecla Varela Vara
Tincho, el fundidor
Tomás, el alegre
Tomás, el grande
Tomás López Cuezudo
Verónica Gabas
Vilma Madera
Virginia del Hoyo
Zacarías Blanco de la Barra
Zacarías Lech Esquivel

Y no sólo los hay en español, también los podemos encontrar en otras lenguas:

Arabia:
Babe As Elsalami
Ben Jalam Elami
El Rahjad Dameyá
Mohammed El-Choriz
Mohammed Labara
Nalgiud Basadar
Osama Maesta

Brasil:
Eloyihno Medeiras
Pelé Meleño

Estados Unidos:
Alissa Milano
Dick Graspit
E. Charles White
Huelefeor Tuaniston
John K. Liente
Larry A. Tota
Larry Cañonga
Max Camela
Noe Steschin Gando
Willy Milano

Francia:
E. Charté Blanqué
Le Cheri L'Aventé

Italia:
Pittio De Meteo
Ti Piccola Donna
Sebino Sobretti

Japón:
Akipito Timeto
Mikago Entumare
Tachado Michocho
Taroto Tuaro
Teruge Tumono
Tetoko Tuchico
Teyeno Tuoyo
Tuchico Atako
Tuchico Yoatoro
Yokero Tuchico
Yositoko Tukoshita

País Vasco:
Gorriat Larrazke

República Checa:
Tateketa Kasiakavo
Teklave Mitranka

Rusia:
Ivan Tresketechov
Ponchov Elanov
Raskov Elketroniz
Tensartov Laverguev
Zacarias Michilinsky

Sudáfrica:
Akawanto Migajita
Tunasha Tesuda

Y también logramos encontrar estos apodos con características similares:

Don A. Notorgas
Don Algatallo
Don Amedas
Don Asadoro
Don Illapico
Don Itarrasco
Don Otamande
El cacarizo de Zacotitlán
El chico medallas
El chico temido del vecindario
El chico tímido
El chico típico
El coyote cojo de Laredo, Texas
El maistro Nando
El peladito encajoso
Mi amigo Rito

También podemos encontrar importantes cargos militares y religiosos de enorme ayuda:

El Cabo Mendúrez
El Cardenal Gasponte
El Cura Melañonga

El Cura Melchor Izo
El Cura Melo
El Gerenal Gasdás
El Obispo Nemelas
El Sargento Cabas
El Teniente Poncho
La Teniente Tona
San Cudas Teabreo
San Martín Choloyo
Santa Magdalena Chasmedas
Santiago, el niño milagroso
Sor Rita
Sor Raymunda

Asimismo, podemos encontrar entidades a lo ancho y largo de nuestro territorio; todas ellas, con nombres que debemos tener siempre presentes:

Blanco, Zacatecas
Chapultetrepo
Chiquilistlán Medallas
El Caballo el Bajo
El Cráter del Pico de Orizaba
Itzmo Costecho
La Quinta, Pata del burro
Lago Antaras
Lago Taz
Lago Zaras
Lago Zarías
Lomas Ajeo

Lomas Cabas
Lomas Ticas
Lomas Turbo
Metepec el grande
Monte Senesta
Palo Alto
San Buto el grande
San Casteabro
San Golotéas de las Campanas
San Golotéo el chico
San Grameleño, Querétaro
San Jasmeo
Sumosotlán el Grande
Tantanpendécuaro, Michoacán
Tecojorita
Tegeringueo, el chico
Tejeringo el Chico
Temascolchango
Tepeyisco, el chico
Tepicoloyo
Terrascoloyo
Zacameacalgo

Y ya que estamos hablando de nuestra querida República Mexicana, no podemos dejar de reconocer el auge en la industria textil de estos lugares. Por ello, y a manera de agradecimiento, haremos mención de los principales distribuidores de textiles del país:

¡Telas a precio de bodega!
Mascadas de caña
Tela Copla
Tela de Java
Tela de Joir
Tela de Pocito
Tela en Potro
Tela Enrosque
Tela Gozas
Tela Hundo
Tela Pelas
Tela Pelo (autogol)
Tela Prieto
Tela Rimo
Tela San Buto
Tela Taxco
Tela Taxco
Tela Toro
Tela Trabo
Tela Tragas
Tela Travieso
Tela Ubi Co.
Telas Alargo
Telas Ambuto
Telas Atoro
Telas Carbo
Telas Poncho
Tela Comex
Telas Checo

Telas de Java moradas
Telas Obo
Telas Pesco
Telas Pinto blancas
Telas Poncho
Telas Tacho
Telas Rayo
Telas Pico
Telas Toco
Telas Obo
Telas Rocío
Telas Voto

Para poder comprender el albur, debemos de entender lo que es el mexicano. Mucha gente, sobre todo los estúpidos gringos, cree que somos flojos, irresponsables, corruptos, mentirosos, tranzas, hipócritas, desmadrazos, irrespetuosos, etcétera. No, los mexicanos somos nobles, solidarios, cumplidores, cariñosos y, sobre todo, muy alegres y dicharacheros. Y nada mejor que esto para conocer bien al mexicano:

Al mexicano no le es difícil: Esta cabrón.
El mexicano no besuquea: faja.
El mexicano no convence: tira choro.
El mexicano no fracasa: la caga.
El mexicano no molesta: chinga.
El mexicano no ríe hasta más no poder: se caga de la risa.

El mexicano no sale corriendo: sale en chinga loca.

El mexicano no saluda: te dice "¡qué onda güey!"

El mexicano no se baña: se da un regaderazo.

El mexicano no se burla: se caga de risa.

El mexicano no se cae: se da un chingadazo.

El mexicano no se emborracha: se pone pedo.

El mexicano no se lanza: se avienta.

El mexicano no se molesta: se encabrona.

El mexicano no sufre de diarrea: sufre de chorrillo.

El mexicano no te golpea: te da un putazo.

El mexicano no te ordena: te manda a huevo.

El mexicano no tiene amigos: tiene brothers.

El mexicano no toma: se pone como cola de perro, es decir, "hasta atrás".

El mexicano no toma siestas: se echa una jeta.

El mexicano no se golpea con otro: se agarra a madrazos.

El mexicano no es listo: es una pistola.

El mexicano no pide que lo lleven: pide un aventón.

El mexicano no es un tipo alegre: es poca madre.

El mexicano no es un tipo tremendo: es un chingón.

El mexicano no hace algo muy bien: ¡se raya!

El mexicano no va rápido: va hecho la madre.

Y por último, el mexicano no es cualquier cosa: ¡es mexicano chingao!

El arte culinario

Nuestro país tiene una infinita gama de platillos y bebidas para todos los gustos. La siguiente lista, corta, pero de muy buena calidad, es una pequeña muestra de esto. Buen provecho:

Agua de mamarindo
Agua de choronja
Agua de mípalo
Agua de súpalo
Agua de tecojote
Agua fresca de miembrillo
Anís de Medellín
Arroz con leche de Zacapoaxtla
Asado de pez tolete en barras de frijol
Barbacoa de hoyo (¡Cómo nos gusta!)
Batida de plátano con huevos
Brandi Pestilente
Brandi Viejo Verguejel
Cerveza Charte Blanca

Cabecitas de Vergacoa en su jugo
Cajeta de Suchiquilpan
Calabaza en barras
Camarones en su mojo de ajo
Camote en barras de calabaza
Camote metido en agua para echarse un caldo
Carne enrollada al anís
Cerveza Balleno Telfísico
Cerveza Colona
Cerveza Cuarta Blanca
Cerveza Dos Equis Lambes
Cerveza Dos Equis Larguer
Cerveza Negra Mordelo
Cerveza Pitoria
Cerveza Rubia Chuperior
Cerveza Tecabe
Chile en sartenes mexicanos
Chile mascabel
Chile pasuano
Chile paruano (más picoso)
Chile tepiquín
Chorizo en fundas de cuero y su mole
Chorizo en salsa pasuollo
Chupetón de camote
Cochinada Pibil
Coctel de jugo de langosta
Consomé Costecho
Cremita de Techolalpando
Dulce de anís con pasas
Dulce de leche "extrais"

Dulce de plátano en cajones de palo
Embarrada de chile
Empacadas de tripa
Empalargas de chorizo
Enchiladas de hoy y mañana (recalentado)
Enchiladas con crema de Zacatecas
Enchiladas de camarón
Enchiladas de olla
Enchiladas de queso babas
Enslada de pitomate
Ensalada con aderezo de aceite de mípalo
Ensalarga de pepino
Frijoles de Apizaco
Frijoles de Zacoalco
Frijoles del último saco
Garnacha picada
Guacamole estilo loma marías
Hamburgruesas
Huevos la Merced
Huevos duros y en su mido
Huevos revuelves
Jocoque Zacarinoso
Jugo de espisacas
Jugo de manzacas
La memela
La olla de chile relleno
Larganiza con huevos
Las donas
Las pasas
Leche de Sacasonapan

Lechón al gusto
Lomo al tallo
Longaniza en papas
Manitas de puerca al chile ancho
Mojarra de salchicha
Mordidas de pepita
Niño envuelto de miel
Ostiones en su centro
Palanquetas al chico, con leche y jugo de man-
zacas
Palomas ticas en salsa de leche
Pan ocha
Pato ancho
Pellizcadas de huevo
Pellizcadas de chorizo
Pepino y zumo de limón
Pescaditos de la Viga
Picaditas de aguacate
Picaditas de culantro (estilo Veracruz)
Picaditas de las islas vírgenes
Piernas al hombro
Pitomate relleno
Plátano de Metepec
Plátano de Ometusco
Porn Flakes de Pelogg's
Puntas de carne en jugo de pistola
Queso badotas
Queso bas
Queso bón
Queso plaste

Raja tasqueña
Raspado de angina
Raspado de anís
Reatas tortillas con guacamole del bajío
Relleno de tripas
Remamadas de jamón
Remamadas de papaya
Remamadas de pitomate
Retacones de cabezas
Rompopito
Ron Pepito
Ron Polano
Ron Pomadres
Ron Potelas
Salsa de chile de Mordelia Michoacán
Salsa de chile Jalaspeño
Salsa de chile Mascabel
Salsa de chile Pasuollo
Salsa de chile queretuano
Salsa pújalo
Semen-Up
Sopa de 3 chiles (pa' su entierro)
Sopa de verguras
Taco de tuetuano
Taco olgado
Tacos de buche
Tacos de cabeza
Tacos de chile en papas
Tacos de choripico
Tacos de maciza

Tacos de milonga
Tacos de vargacoa
Té cogido en el monte
Té de hesgarro
Té de mípalo paduano
Té en pino
Té la rosa
Tequila Cuervo Espacial
Tequila Miste
Torta de milargueza con remamadas de pitomate
y guacamote

Y si en verdad te gusta la cocina, te recomendamos la siguiente receta. Ésta lleva muchos años preparándose de distintas formas en todo el mundo, pero la clásica, es ésta. Suerte:

Receta de Niño Envuelto

Ingredientes:

1 cama matrimonial (que no rechine)
2 personas del sexo opuesto
1 papaya (no muy arrugada)

1 plátano (al gusto)
2 huevos
1/4 oscuro
200 gramos de aguante.

Modo de prepararse:

Las personas de sexo opuesto se meten en el 1/4 oscuro y se acuestan en la cama. Se "sazonan" de 20 a 30 minutos con: besos, caricias, susurros y abrazos. Una vez bien "calientes" se rellena la papaya con el plátano y los huevos. Se mezclan con fuerza y energía de 20 a 40 minutos o hasta que se haga turrón.

Hecho esto, se saca el plátano y los huevos de la papaya. Se deja reposar la mezcla obtenida durante 9 meses, y cuando esté bien esponjadito, se saca el niño y se envuelve.

Se limpia perfectamente el molde y se deja reposar durante 40 días antes de preparar otro niño envuelto (si la economía lo permite).

En nuestros *semenarios*, constantemente se acercan personas con ciertas dudas al respecto de este tema. A continuación responderemos las preguntas más frecuentes.

P: ¿Es cierto que el camote aguado te deja un postre exquisito?

R: Efectivamente, y si se agrega zumo de limón, el sabor llega a otro nivel.

P: Muchas personas no usan el chorizo madrileño porque dicen "empanzurra", ¿es cierto?

R: Es relativo, pero si se hace de un solo jalón sí. También en fundas de cuero.

P: Mi madre es un poco hipocondríaca y siempre me dice que cuando se revuelven los huevos debemos de lavar nuestras manos para no infectarnos, ¿es cierto esto?

R: Sí, la mera verdad.

P: ¿Es cierto que el vino blanco saca el mal sabor del pescado?

R: Sólo a la especie que es prima de la mojarra.

P: ¿Es cierto que la garnacha puede provocar malestares estomacales?

R: Sólo si se pasa.

P: ¿Qué más debemos tener en mente para evitar malestares estomacales?

R: Que los chiles en vinagre se conservan mejor en barro, lo mismo que los plátanos en cajones.

En cambio, el lomo, se descompone cuando está lloviendo.

Ahora bien, como la comida mexicana es sumamente rica y, en ocasiones condimentada, no puede faltar el medicamento indicado para no padecer malestares. La siguiente lista nunca estará de más en el botiquín de la casa:

- Damenal (gotas pa' cojer sueño)
- Extracto de zamandonque
- Gotas del Dr. Nal (Gotas casi milagrosas)
- Keronal (gotas pa' dormir)
- Mecolato de pitolina intrapiernosa
- Mipitil metil entuanil (derivado del mipitil yometil entuano)
- Mitrozón
- Mocodilato de vergamina
- Pispirina intrapiernosa
- Pomada de metilín para dolores de cabeza
- Pomada de penedol para las almorranas
- Pomada Meloyo
- Pomada meojal
- Ponteasil
- Pontencuatro
- Suspencion de bengomentuano
- Té calentado con ejote

- Té recogido en el monte (similar al te recogido de capirucho)
- Tentramitilín
- Vergamanato de putasio
- Vergamota, en fumaditas
- Yoduro de Metilo

Y recuerda:

Para ese tremendo y molesto dolor de cabeza… chupa limón.

Para la calentura… prueba, chupa, mastica o prueba Melox.

Para evitar el embarazo… nopalitos antes de ir a dormir y Nitrato de meterlo.

Empecemos con los albures en forma

Espero que ya tengas memorizado todo lo anterior, o por lo menos la mayoría, para poder dar inicio a la "albureada". A partir de aquí, te presentaremos infinidad de albures en todas formas y colores. Te recomendamos leerlos detenidamente y tratando de poner todos tus sentidos en ello, pues de eso depende que los entiendas y logres aplicarlos a la vida diaria. No hay nada mejor que echar de repente un albur –no importa si estás entre amigos, familiares o compañeros de trabajo– y que pase desapercibido entre la mayoría. Si logras esto, ¡Felicidades, has entendido todo esto!

Bueno, pues manos a la obra.

Letreros en el baño

De todos los placeres sin pecar
el mejor, sin duda, es cagar,
con un periódico extendido
y un cigarrillo encendido,
queda el culo complacido
y la mierda en su lugar.

Zacatecas es un llano,
México es un rehilete,
no me la hagas con la mano,
mejor házmela con el ojete.
Cagado Nervo

Cagar no es pecar,
tienes que cagar con dulzura,
porque si la cagada es dura,
todo se te va a empujar
y te va a doler la cintura.

Si quieres cagar tranquilo,
debes el letrero ver:
No uses tanto papel
y caga menos de un kilo.

El pedo es un aire ligero,
que anuncia la llegada
de su amiga la cagada.

Una gringa bien formada
fue a cagar a un hormiguero,
y las hormigas condenadas
se cambiaron de agujero.

Es feo morir sin haber amado,
pero es mas feo cagar, sin haber tragado...

Señoras y señores:
No se limpien con el papel
porque el papel tiene letras,
y el culo no sabe leer.
Límpiense con un ladrillo,
para que de una buen vez
se rasquen el fundillo.

Los arañones son
por la venganza de Moctezuma.

Cuando comas chiles
y vengas a cagar,

siéntateme de ladito
no te vayas a picar.

No pujes que los políticos salen solos.

Paradas continuas
(y una flecha hacia abajo).

El eructo es un pedo decente,
que en vez de salir por el culo
sale entre los dientes.

Se preguntaba el Doctor Angulo:
¿cómo es que cuando caga el mulo
hace el cuajar un cuadrado,
teniendo redondo el culo?

En la calle serás muy reatita,
pero aquí te sientas.

Si quieres estar fuerte y sano,
toma leche del gusano.

O algo similar:
Si quieres crecer fuerte y sano
cómete lo que tienes en la mano.

Aquí no es convento...
¡Pero huele a madres!

¡¡He creado un monstruo!!

Aquí todos se bajan los pantalones.

Sobre un urinario decía:
Un consejo de amigo,
un consejo de hermano,
que nunca tengas en el culo,
lo que ahora tienes en la mano.

El eructo, según el Doctor Angulo,
es un pedo que cansado,
no pudo llegar al culo.

Yo no soy un gran pintor
ni le sé hacer al pincel,
pero si aquí ves oscuro color
es que se me acabó el papel.

Sentado y pujando
sale la caca volando.

Qué amargura
es tener la caca dura.

Cuando vayas al baño
y quieras hacer de la chis,
cómete lo que traes en la mano
y entonces serás muy feliz.

Todo mundo puede mear el piso,
sé un héroe y mea el techo.

Aquí mis chicharrones truenan.

Lo dijo Aristóteles,
también lo dijo Platón,
la última gota que meo...
queda siempre en el pantalón.

Te chispo un ojo,
te acomodo un huevo;
te chispo el otro,
te dejo ciego y ya no juego.

El pedo es un sonido valiente,
que deja la cola caliente
y el aire muy mal oliente.

No hay placer más exquisito
que cagar bien despacito,
ni placer más delicado
que el después de haber cagado.

Piense cuando esté cagando
para que no la cague cuando esté pensando.

Los frijoles de esta noche
me han hecho mal la digestión,

¡que venga pronto la lavativa!,
¡que ya no puedo pedorrear!

Los intestinos se me hacen bolas,
¡pidiendo a gritos cagar!

Los hombres son como las palomas,
vienen, te cagan y se van.

No vengo por gusto,
no vengo por placer,
vengo por que la comida de hoy…
ya está empujando a la de ayer.

Mira pa' bajo, miras la negra,
mira pa' rriba, miras la cabeza.
Tú dices cuál prefieres.

No porque la veas colgada
pienses que está muerta.

En culo cerrado
no entran moscas.

Tú que eres un gran poeta
y un gran compositor,
tienes cagada en la oreja
y moscas alrededor.

Si puedes leer esto
es que te estás cagando afuera,
¡pendejo!

En tus manos tienes al creador.

El que mee y no pee
es como el que va a la escuela y no lee...

Yo no soy poeta
ni en el aire las titulo,
pero lo que traigo bajo la bragueta
¡no les cabe por el culo!

De los placeres sin pecar,
el mejor de todos es cagar.

Aquí se murió un miembro amado
y en el aire va penando,
ándate con mucho cuidado
que te va a agarrar cagando.

Tú que eres poeta
y en el cielo las desbaratas,
ya que eres tan joto
ven y pónteme a gatas.

Frente a este frío muro,
labrado en piedra,

lloraba mi triste culo
lágrimas de mierda.

Prohibido cagar en horas de oficina.
(Escrito abajo):
Me causa risa y sorpresa
ese aviso estrafalario,
pues debe saber la empresa
que el culo no tiene horario.

No hay arte más sano y puro
que limpiarte el culo.

De los placeres sin pagar,
el más bello es defecar.

Todos los chingones la calabacean aquí.

Una reata bien parada
tiene muy buena figura,
con la cabeza pelada
y el cuero a media cintura.

El sol sale,
la luna se mete,
pero en verdad qué rico
tienes tu ojete.

Cuando llegas al baño te sientas,
y ya entrado en el asunto te das cuenta

que frente a ti hay un mensaje que dice:
"sigue la flecha",
y en efecto hay varias flechas
apuntando a dirección detrás de ti
y dice otro mensaje:
"Cuidado pendejo, te vas a torcer".

Ese albur no hace gracia,
pero mi pito en tu culo
hace gimnasia.

Si porque te quiero tú vas a querer
que yo a ti te quiera un poco más,
quererte como te quiero, amarte, ya sentirás,
¿estás contento, o quieres más?

Tienes los ojos azules
como las olas del mar,
y también una verruga en el culo
que no te deja cagar.

Coje duro y come fuerte,
enséñale tus huevos a la muerte.

Caga feliz,
caga contento,
pero caga siempre
con el chile adentro.

El viento trae
una brisa inquieta,
con la mano que tú quieras
hazme una puñeta...
con la izquierda o la derecha
es igual se siente rico
y cuando acabes el culo...
yo te lo pico.

Si quieres cagar me lo comunicas...
pa'lo que te pueda proporcionar.

Si quieres crecer fuerte y sano,
deja de estarte picando el ano.
(Y alguien respondió: *Me da flojera*).

Por favor sea breve, uno o dos pedos y a cagar.

Mi caca no es pintura,
mi dedo no es pincel,
si quieres limpiarte la cola
mejor usa papel.

En este lugar
y en este agujero,
termina el esfuerzo
del buen cocinero.

Tú que eres poeta
y en el aire las compones,

hazme una puñeta
y lo que salga te lo comes...

(Respuesta)
No soy ni poeta,
ni en el aire las compongo,
y lo que traigo en la bragueta
en el hocico te lo pongo.

Si poeta eres
y versos compones,
bájame la bragueta y
ráscame los cojones.

Aunque te lo veas
no te va a crecer.

Si vas al baño
a hacer del uno o del dos
por favor échale agua
y dile a tus cosas adiós.

Guapo, soltero y otoñal
es un seguro puñal,
cara de espanto con culo de encanto.

A comer y a cagar,
que el mundo se va a acabar.

Una al año no hace daño,
una al mes que rico es,
una a la semana se te aguada la macana,
una al día agarras energía,
una a cada rato se te chinga el aparato.

El pene, a diferencia de lo que muchos piensan,
no tiene 700 venas sino 1400.
Eso es porque hay 700 en la cabeza
y 700 en el tronco.

Aquí cagó Satanás

Poesía:

Y ya que estamos hablando de rimas y demás, veamos las posibilidades del albur en la poesía.

Coplas de Melón Gutiérrez y Melambes Fierro

Entre Melón y Melambes
hicieron una orquesta,
Melón toca el violín y
Melambes la trompeta.

Entre Melón y Melambes
jugaron billar por horas,
Melón puso los tacos y
Melambes las bolas.

Entre Melón y Melambes
hicieron una ensalada con tino,

Melón cortó el limón y
Melambes el pepino.

Entre Melón y Melambes
hicieron una hermosa villa,
Melón compró el cemento y
Melambes la varilla.

Entre Melón y Melambes
hicieron un pastelillo,
Melón batió la harina y
Melambes los blanquillos.

Entre Melón y Melambes
revisaban un auto escarlata,
Melón arregló las llantas,
y Melambes las balatas.

Entre Melón y Melambes
se pusieron a hacer un guiso,
Melón que pone el huevo y
Melambes el chorizo.

Entre Melón y Melambes
jugaron a la guerrilla.
Melón fue el gatillero
y Melambes la cabecilla.

Ente Melón y Melambes
al policía agarran de bajada,
Melón le quitó la pistola
y Melambes la macana.

Entre Melón y Melambes
iban en un tren carguero,
Melón era el maquinista
y Melambes el garrotero.

Entre Melón y Melambes
descuartizaron una princesa,
Melón le cortó las manos
y Melambes la cabeza.

Y para jugar en otro lado,
cabello cortaron en un salón.
Melón fue el trasquilado,
y Melambes el pelón.

Sólo pudieron matar
un pequeño gorrioncito.
Melón se comió las plumas
y Melambes el pajarito.

Padecieron grandes calambres,
y jugar les dio pereza.
Melón por herirse el brazo,
y Melambes la cabeza.

Jugaron mejor al futbol,
dando grandes patadotas,
Melón consiguió la cancha,
y Melambes las pelotas.

Y así eliminando la pereza
jugaron, mas sin portero,
Melón jugó la defensa,
y Melambes el delantero.

Chiquillo

Tan valiente y tan fornido
es mi estimado manís,
que le dicen "el temido"
por el interior del país.

Militar

Mi coronel murió en guerra,
mi general en Oaxaca,
con los pelos de tu culo
mi compadre lazó ayer una vaca.

La vida te da sorpresas

Tu madre quería hembra,
tu padre quería varón,

y por la culpa de pinche abuela,
vas y sales maricón.

Sentimientos

Si porque te la metí
lo tomas a sentimiento,
tú también me la pelaste
¿Acaso crees que no siento?

Temeroso

En la selva, donde vive el lobo fiero,
el tigre me importa un bledo,
no es el león a quien le temo,
es el mono el que me da miedo.

¿Por qué?...

Si tanto nos amamos,
¿por qué no nos juntamos por donde miamos?
Espero que este verso
te haya llegado al corazón,
y más adelante, mi vida,
te quites el calzón.

Campirano

Valle de Sacualco,
San Juan del Río,
este chile es tuyo
y ese culo es mío.

Tropical

Una guacamaya pinta
le dijo a una colorada,
sácote un conjunto de pedos
con una escolta de cagada,
con pellejos de frijoles
y semillas de guayaba.

Chispeando

Cien vacas en el patio tenía
aquel granjero en Campeche.
Muy extraño era, no obstante,
que tuviera en el techo la leche.

Puta

Puta no es aquella
que coje día y noche,

puta es aquella
que tiene el alma emputecida,
mas no ha cogido todavía.

Antojo

Tengo la reata parada
no se me puede aplacar,
se me paró de repente
y en tus nachas las quiero clavar.

Cuñao

Pasando por un arroyo
muy triste me cantó un toleche,
a mí me gusta el arroz con pollo
y también el escabeche,
de tu hermana yo quiero el bollo
para que a mí me saque la leche.

Poesía oaxaqueña

(Nueva picardía mexicana. De A. Jiménez)

Como oaxaqueño que eres
al mundo no te rebajes,

prefiere morirte de hambre
pero tú nunca trabajes.

Brindo como mexicano
y tambiénn como patriota,
que chin chin Maximiliano
y la puta de Carlota.

En la puerta de mi casa
hay una piedra bendita,
si una puta allí se sienta
se levanta señorita.

Soy gallito de Oaxaca
que subo y bajo cuestas,
he pisado pollas finas
cuantimás pollas como éstas.

Aguadas me gustan más
aunque me la pelen menos,
pues no pierden el compás
como los caballos buenos.

Soy de las altas montañas
donde habitan los leones,
buen amigo de los hombres
y azote de los cabrones.

Del Conde y la Condesa

Perdonad, divina dama
que relaje la etiqueta,
más tengo la tentación,
de morderos una teta.

¡Caballero! ¡Cómo os osáis!
Respetadme, soy una dama,
pero desabrochaos la bragueta,
que os lustro la banana.

Señora, disculpad mi osadía
si he perdido la postura,
más levantad esa fina falda,
que os parto la costura.

¡Oh! Mi amado caballero,
admiro vuestra destreza,
pero os pido me metáis
solamente la cabeza.

¡Oh! Señora idolatrada,
lo lamento, mil perdones,
la cosa no tiene remedio
os clave hasta los cojones.

Os perdono mi caballero,
y hacedlo con disimulo,

eso sí, os lo suplico,
sacadme el dedo del culo.

Basta ya señora mía,
basta ya de meta y ponga,
parece habéis agarrado
lindo gusto a la poronga.

Seguid, seguid caballero,
que con este ya van siete,
que luego agacho suavemente,
y me rompéis el ojete.

Yo continuaré Condesa,
mientras su gusto lo exija,
y os seguiré echando pata,
hasta que aguante la pija.

Bien sé, querido mío,
que eres un hombre de notas,
metédmela más adentro
metedla hasta las pelotas.

Que os parece mi amada,
si continuamos luego el juego,
yo os hago la mineta
y vos me chupáis los huevos

Calderón te la Marca (Contemporáneo)

Oda al Chile

Triste, cabizbajo y pensativo
se mira el chile cuando está dormido.
Tal parece un gendarme encapotado
tras el quicio de una puerta recogido.

Pájaro triste… pájaro enfermo,
ni siquiera sus alas endereza,
metida entre los huevos la cabeza,
medita taciturno y sin recelos
entre esa gran maraña de los pelos.
¡Ah!, pero ese ermitaño triste
yergue altiva y gallarda coronilla,
cuando huele del culo la semilla.

Para el combate se prepara tieso,
inflando bien las venas del pescuezo
y contra el culo acomete el gran asalto,
hasta escupir la médula del hueso.

Después de consumada su faena,
llora unas gotas como un alma en pena.
Remete entre los pliegues la cabeza
y el culo, ya por hoy no le interesa.

El vaquero

Si porque me ves con botas
crees que soy vaquero,
sácame la leche a gotas
antes de que se me vuelva suero.

La naturaleza

En lo más oscuro del verde bosque
te observo con disimulo,
y cual pícaro colibrí
te quiero besar el culo.

Agua dulce de las verdes matas,
tú me tumbas, tú me matas,
y me haces andar a gatas,
y hasta levantar las patas…

La primera vez

Con ternura te la abría,
mas tu temor inicial,
me hizo suponer normal
tu queja, porque te hería.

Yo seguí perseverante,
tú la veías perdida,

fui más tierno que un amante,
no merecí tu mordida.

Por fin como una gran puerta
entre gritos y sofoco,
molesto por aquel foco
rendida quedaste abierta.

Penetré con gran cuidado,
siempre he tenido talento,
y haciéndome el despistado,
metí todo el instrumento.

Tu rigidez inicial
se convirtió en movimiento
con ese terrible lamento:
¡me haces daño animal!

Poco a poco entre dolores
logré aquello que deseaba
tú fingías estertores
mas se te chorreaba la baba.

Cuando creí conseguido
mi objetivo principal,
me di cuanta que al final
aún no cobrabas sentido

Entonces me hice un enredo,
al ver que no te alcanzaba

metí un dedo, el otro dedo
pero nada, no llegaba.

Todo una mano, ya ves,
tampoco fue suficiente,
sino fuera tan decente,
te hubiera metido los pies.

Las fuerzas se me escapaban,
y tú no me dabas respiro,
las piernas flojas temblaban,
no permitías el retiro.

Saque los dedos, la mano,
tú perdías el aliento
te retorcías cual gusano
y no salía el instrumento.

Tanto que me costo meterlo,
y ahora no podía sacarlo,
te juro que temí perderlo
¡¡¡Nadie volverá a chuparlo!!!

Y en el último momento,
(de fondo un grito ahogado)
salió todo el instrumento,
baboso y todo ensangrentado.

Respiraste satisfecha,
mi suspiro fue más vago,

me miraste con reproche
sin pensar en mi lumbago.

Sé que estás adolorida,
mas te vas, corre que vuela,
parecías agradecida.
¡¡¡Por fin te he sacado la muela!!!

El licor

Para el cruel destino, vino;
para el fracaso, de ron un vaso;
para la tristeza, cerveza;
para todo mal, mezcal;
para toda decepción, tequila con limón;
para lo fregado, de tuna un curado.

La ver... dad

Yo soy un pobre ermitaño
que viste de humilde jerga,
y que del monte baja cada año
a que le pelen... [le rasuren...]
y le hagan todo el servicio de peluquería.

El pulmón

Agua blanca
de las verdes matas

tú me atas, tú me matas…
y me haces andar a gatas.

Poema chatarra

Cuando te meto mi bubulubu
sientes ricolino,
pones cara de morita
y caminas como pandita.

La vida es...

Que injusta mi vida es,
te voy a decir la neta,
lo que más quiero, mi vida,
es que dejes que te la meta.

Que hermosa la vida es,
dando saltos y piruetas,
te quiero acariciar un rato
tus lindas y grandes tetas.

El optimista

Se despide este pelón
que por las fiestas anda bruja.
Deja nomás consiga lana
y pa' dentro te lo empuja.

Brindis del bohemio

Por tus primas… las cantinas.
Por tus hermanas… las caguamas.
Por las más bellas… las botellas.

A continuación te presentamos unas cuantas
canciones que contienen albures. Sirva este pequeño espacio como un homenaje al señor Salvador
Chava Flores, pues, pienso yo, es el mejor y más
fino exponente de este género.

El chico temido

Yo soy el chico temido de la vecindad,
soy el pelón encajoso que te hace llorar.

Me llamo José Boquitas
de la Corona y del Real,
yo soy del barrio el carita, las chicas,
los chicos, me dan mi lugar.

Siempre me verás
vistiendo mi saco café;
tiene sus ojales blancos
y atrás de piqué.

Cuando me cuentas los pliegues
verás que siempre uso tres,
te echo de menos pelona
con tus medias rosas, tu falda ye-yé.

Mi novia ya no es Virginia,
Quintina, ni Paz,
ahora saco a Excrementina,
la saco a pasear.
Es muy robusta del pecho,
a Prieto se la quité.
Es primo de Juan Derecho
caifán de los huevos, huevos La Merced.

"Te hacía un muchacho decente",
le dije al caifán,
"pero eres meco
y me sacas de quicio rufián".

Ay muchachito travieso
eres el mismo Satán,
eres como la tía Justa
que empuña la fusta mi pelafustán.

Ya se va el chico temido,
ya llegó su tren
cuida a tu chico con vida,
tu papá ya bien.

Besitos a los pelones
y besitos por allá,
que te atropelle la dicha
y te saque pedazos de felicidad.

Los frijoles de Anastacia

Los frijoles de Anastacia
se los ha comido el gato,
s'a como estamos a cuatro
s'a que gato tan sacón.

Si no es gato es porque es gata
pues ya está en su menopausia,
pa' frijoles Anastacia
y pa' flojo un servidor.

Caray, que ricos frijoles
s'acostaditos están,
son los acompletadores
los acostumbro sin pan.

Con tortillitas y chile
me tuerzo los que me den,
si hay pulquito pa'l chilito
me tumbo en el terraplén.

Los frijoles de Anastacia
se los ha cocido la olla,

los extraigo con cebolla
y les exprimo un limón.

Con longaniza más queso
y chorizo chispazón,
que después les aconsejo
se los coman de un jalón.

Caray, que ricos frijoles
s'acostaditos están,
son los acompletadores
los acostumbro sin pan.

Con tortillitas y chile
me tuerzo los que me den,
si hay pulquito pa'l chilito
me tumbo en el terraplén.

Un platito de frijoles
a cualquiera se le sacan,
si no quieres estar flaca
s'a como sea te los doy.

Te los revuelvo en tu plato
y hasta te echo requesón,
tú les pones el culantro
me das luego tu opinión.

Caray, que ricos frijoles
s'acostaditos están,

son los acompletadores
los acostumbro sin pan.

Con tortillitas y chile
me tuerzo los que me den,
si hay pulquito pa'l chilito
me tumbo en el terraplén,
me tumbo en el terraplén…

La tienda

Tuve una tienda en mi pueblo, precioso lugar…

Te vendía de un camote de Puebla
a un milagro a San Buto;
pitos, pistolas pa' niños
te hacía yo comprar.
Pa' tu cruda una panza,
te inflaba una llanta al minuto,
aros, argollas, medallas podías adquirir,
un anillo, un taladro, petacas,
tu cincho de cuero.
Te enterraba en el panteón,
te introducía en el cajón,
antes con un zapapico te abría tu agujero;
me dabas para alquilar a alguien
que fuera a llorar,
mientras lloraba alumbraba con vela tu entierro.
Leche, tu té, chocolate, tu avena o café,

te sacaba las muelas picadas, dejaba las buenas;
pasas, el chicozapote, picones con miel,
había métodos, tubos o huevos o platos o leña.
Desde Apizaco hay ocotes, mandaba traer,
y exportaba el chipotle en cajones,
también la memela;
chupones para el bebé,
de un agorero hasta un buey,
chochos y mechas, bizcochos,
tiraba rayuela.
El día de madres vendí,
lo que el día veinte vendí,
nabos, zanahorias, ejotes y chile en cazuela.

Plumas en saco de lona o tela de joir,
había lomos y tallos de rosa,
mangueras y limas;
mangos, mameyes, cojines, trasteros de aquí,
había zumo de caña, metates,
tompiates, tarimas.
De un embutido a un chorizo podías tú llevar,
longaniza de aquella
que traen los inditos de fuera.
Te acomodaba al llegar en mi hotel particular,
tres pesos mas te sacaba por la regadera.
Pero un buen día me perdí,
y hasta mi tienda vendí,
sólo salvé del traspaso la parte trasera.
Tuve una tienda en mi pueblo, precioso lugar...

El baile de Tejeringo

Como a las siete y pico
en Tejeringo el chico
fue el baile de Miguel.

Tocaban dos orquestas
bailé con Rosa Mestas
y algunas con Raquel.

Medusa la pelona
metiche y muy jamona
se puso en su papel.

Me presentó a una dama
que me invitó a su… casa
para ir dizque a comer.

Salimos del boliche
le acaricié una… mano
y se me echó a correr.

Estábamos comiendo
cuando pasó Rosendo
chiflando una canción.

Era *La verdolaga*
yo no sabía la letra
nomás la introducción.

Pero no la sacaba
y cuando la recordaba
la dama interrumpió:

"Nomás hazte a un ladito
y espera un momentito,
porque ya me ganó".

Mire pues ya ni le haga,
que a mí *La verdolaga*
creo que se me olvidó.

Fue a sacarme del lecho
Bartolo Mecostecho
y al baile regresé.

Pero iba bien tullido
porque iba bien servido
con tres que me aventé.

La Mela con el Chupas
comí algunas chalupas
y a ellos me acerqué.

Y el Chupas muy malevo
quiso patearme un… ojo
y yo me reculé.

Será por lo del sebo
que me quitó el sombrero
y yo se la menté.

El Chupas la pistola sacó
y se armó la bola
y yo me eché a correr.

Y no es que sea cobarde
si me rompen la... mano
¿quién cuida a mi mujer?

Al otro día Manuela
me hizo la novela
que nada iba a pasar.

Me echó cuatro frijoles
pero yo le sacaba
por irlo a averiguar.

Mejor que viva el vivo
como éste que es su amigo
y aquí vino a cantar.

La puerca

Por andar de disoluta
Otra vez andas de pu… erca
Retornaste a tu borlote
ya hasta tienes tu pa… reja.
Si por tres, cuatro pesetas
te quitas las pan… tuflitas,
cuando ves buenas propinas
tú solitas hasta te in…vitas.
Te administra la Carlota
que es un vieja ma… mila
y el nogocio lo haces juerga
porque te encanta la… vida.

Murmurando va la gente
que te has vuelto muy ca…rita,
que simulas estar cuete
para ver quién te lo… quita.
Si los perros no te arrojan
tú allá vas pa' qué te digo,
no te digo esto por celos
porque yo ya ni te escribo.
Tienes tu corre ve y dile
Pa' que te consiga un… rico
Si no te compra el cotorro
Pues te alquila hasta el… perico.

Cuando yo fui tu mancuerna
nunca me abriste las… puertas,

sucedió el último encuentro
y no te pude dar… por muerta.
Todavía era yo un mancebo
y me dolieron… esas tranzas,
tenía que irme a la banqueta
para hacerme la… esperanza
de vengar tus hincapelas
como que ahora me desgracias,
pero valgas lo que valgas
tú ahora sí me das las… gracias
porque valgas lo que valgas
tú ahora sí me das las… gracias.

Los piropos

El mexicano por naturaleza siempre se ha caracterizado por ser galante y, en raras ocasiones, presumidón. Los piropos se han ido perdiendo entre las nuevas generaciones. Por ello, te presento la siguiente lista con piropos, no para que los menciones frente a las damas –no sería buena idea–, sino para que te rías y jamás los digas ante nadie, a menos que quieras sentir la furia femenina en uno de tus cachetes:

- ¡Ay preciosa, te la chupo y te la dejo pelona!

- ¡Ay! ¡Tetas cayendo!

- ¡Bendito el clavo que ponche... esa llanta!

- ¡Con esa torta ya ni chesco pido!

- ¡Con esas nachas beso la mano del guey que te las agarra!

- ¡Con ese culito has de zurrar bombones!

- ¡Con esos pelotones se pone firme mi general!

- ¡Con tu papaya y mi plátano hacemos un buen coctel!

- ¡Creo que se apellida Merezco!

- ¡En esa cola yo sí me formo!

- ¡Mamacita! ¡Con ese trasero puedes ir al baño de mi casa!

- ¡Mamacita, cómo quisiera ser sol... para darte todo el día!

- ¡Mamacita, tú con tan buen por dónde y yo con tan buen con qué!

- ¡Órale! Si así está la cola... ¡Cómo estará la película!

- ¡Que bonita criatura, tírala y hacemos otra!

- ¡Que nalgaridad!

- ¡Quisiera ser aguacate... para embarrarme en tus tortas!

- ¡Quisiera ser mecánico para meterle mano a esa máquina!

- ¡Si como lo mueves lo bates, ah que rico chocolate!

• ¡Te las beso hincado pa' que veas que soy cristiano!

• ¡Te recojo en la esquina!

• ¡Tú con tantas herramientas y yo haciéndome las chambas a mano!

• ¡Tú pones la torta y yo te embarro el aguacate!

• ¿De qué juguetería te escapaste?... ¡muñeca!

• ¿Güera, sí me muero quién te encuera? ¿Quién te lleva a la litera? ¿Quién te mete la manguera?

• ¿Jugamos a la basurita? Tú te tiras al suelo y yo te recojo.

• ¿Jugamos a leo-leo? Tú te agachas y yo te culeo.

• ¿Qué comen los pajaritos? ¡Masita!

• ¿Qué en algotras ocasiones no nos habíamos visto?

• ¿Te importa si compartimos el taxi hacia mi casa?

• ¿Ton's qué, mi reina? ¡Vamos a mover el catre!

• "Chichoco", me estrello.

• A ver, dime mi Pocahontas, ¿cuándo matamos el osito sin piedad y a puñaladas?

- Apachurro, mojo y no me despeino.

- Ay colita, mátame a pedos que quiero morir hediondo.

- Bendita la tuerca del "rin" de la llanta del camión que trajo el cemento donde estás parada, ¡monumento!

- Bonitos pantalones, quedarían muy bien en el suelo de mi dormitorio.

- Chaparrita cuerpo de uva, ya llegó tu vino blanco.

- Chiquitita, si eres virgen te lo hago hincado.

- Con esa pepa has de mear champaña.

- Con esas tortas no me alcanza para los chescos.

- Con esas tortas y una fanta, hasta mi pajarito canta.

- Con tantos topes, y yo sin amortiguadores.

- Contigo, ¡hasta que la muerte nos despegue!

- Discúlpame… ¿Tienes hora?... es que se me paró cuando te vi.

- El médico me prohibió levantar cosas pesadas… ¿Me ayudas a hacer pipi?

• En esta noche tan fría, yo te ofrezco mi estufa, no tiene pilas ni cables, pero igualmente se enchufa.

• Esos labios bigotones, te los beso con todo y calzones.

• Hola, estoy realizando un estudio para ver cuántas mujeres tienen aretes en los pechos, ¿me dejas ver?

• Hola, soy nuevo acá, ¿me puedes decir dónde queda tu apartamento?

• Jugar al doctor es para niños, ven y juguemos al ginecólogo.

• Los ángeles no tendrán espalda... ¡Pero que cola, Dios mío!

• Mamacita vamos a estacionar el trailer.

• Mamacita, dime qué hace Marinela pa' que los bombones caminen.

• Mamacita: chupo, mamo, ensarto, reviro, babeo, coso, descoso, estrujo, lavo, plancho y cuido niños a domicilio.

• Mami, en esa cola yo no me formo... ¡me meto!

• Mátame a pedos que quiero morir cagado.

• Me acabo de enterar que perdió su virginidad... regálame la cajita donde venía.

• Me gustaría ser agua de tu inodoro, porque se refleja lo que más añoro.

• Mi reina no se enoje con el chiquito, yo lo consuelo.

• Nena corazón de alpaca, si no me prestas el de hacer pis, préstame el de hacer caca.

• No me importan tus ojos, no me importan tus senos, pues teniendo buenas las nalgas, lo demás es lo de menos.

• No muevas tanto la cuna que se vomita el niño.

• Oye chula, ¿qué tu papá ya es grande?

• Perdí mi número de teléfono, ¿me das el tuyo?

• Préstala pa' no chambear.

• Que bonitas piernas, ¿a qué horas abren?

• Quién fuera bizco para verte dos veces.

• Quisiera ser aguacate, para untarme en tus tortas.

• Quisiera ser ardilla para comerte, ¡bellota!

• Quisiera ser azúcar para endulzarte las toronjas.

• Quisiera ser frijol para embarrarme en tu tlacoyo.

• Quisiera ser ostión para acostarme con Concha.

• Si así está el infierno... ¡que me lleve el diablo!

• Si es de a kilo, te la dejo en medio.

• Si tus pelos fueran lija, ya tendría la lengua plana.

• Tira ese y hacemos otro mejor (piropo para mujeres que están preñadas).

• Vamos a darle de comer al chango hasta que vomite el plátano.

• Vamos a meter al diablo en el infierno, mi reina.

• Vamos a sacarle el veneno a la boa.

Preguntas y respuestas...

La siguiente sección del libro consta de preguntas y respuestas con la más amplia gama de temas, pero todos –obviamente– con ese especial toque del albur. Asimismo, aquí encontrarás adivinanzas y dichos bastante peculiares. Espero los disfruten y, sobre todo, los entiendan.

¿Cómo se dice busto grande en náhuatl?
Chichotla.

¿Cómo se dice eyaculación precoz en chino?
Mmm… Yatá.

¿Cómo se dice violación en alemán?
Desvirgensen.

¿Cuál es el animal más tonto?
El oso babas.

¿Cuál es el colmo de un ganadero?
Tener en el sótano a las vacas y en el techo la leche.

¿Cuál es el diminutivo de Sacaltepec?
Sacaltepito.

¿Cuál es el nombre del pájaro que incendia los maizales?
El pájaro quema maíz.

¿Cuál es el nombre del pájaro que orina las matrículas de los carros?
El pájaro mea placas.

¿Cuál es el nombre del pájaro que orina las patas de los tigres?
El pájaro mea garras.

¿Cuál es el pájaro azteca?
El moctezumo.

¿Cual es el pájaro mágico?
El pájaro que te encanta.

¿Cuál es el pájaro más caballeroso?
El que se para pa' que te sientes.

¿Cuál es el pájaro que lleva tenis?
El pájaro con suelas.

¿Cuál es el pájaro que orina a las ballenas asesinas?
El pajaro mea orcas.

¿Cuál es el pájaro que orina a las dementes?
El pájaro mea locas.

¿Cuál es el pájaro que orina a las mujeres altas?
El pájaro mea largas.

¿Cuál es el pájaro que orina a las mujeres juguetonas?
El pájaro mea traviesas.

¿Cuál es el pájaro que orina a las mujeres negras?
El pájaro mea prietas.

¿Cuál es el pájaro que pone en ridículo a María Félix y a María Rojo?
El pájaro quema Marías.

¿Cuál es el pato más grande?
El pato ancho.

¿Cuál es el pez que da leche?
El pez-ón.

¿Cuál es el único mamífero ponzoñoso?
El burro.
¿Por qué?
¿A poco le aguantarías un piquete?

¿Cuál es la diferencia entre una escoba y una casa?
Que la escoba tiene palo, y la casa techo arriba.

¿Cuál es la fruta más parecida a las nalgas?
Las pasas.

¿Cuáles son las características de los motelpos?
Son animales nocturnos. Viven en grupos de tres: el motelpo, la motelpa y su motelpito.

¿Cuáles son las características de los ramelpos?
Son animales que viven en las cuevas. Salen solamente de noche. Primero sale el ramelpo, luego la ramelpa y al final su ramelpito.

¿Cuáles son las características de una casa pobre?
Paredes de abobe y techo de palos.

¿Cuáles son las características de una casa rica?
Muro blanco y techo de lo mismo.

¿Cuántas venas tiene el pene?
Setecientas.

¿Cuántos nervios tienen los glúteos?
Mil y pico.

¿En cuántas partes se divide la espalda?
En Lomo, lomito y lo mío.

¿En cuántas partes se divide la parte frontal del cuerpo?
En pecho, pechito y pechupa.

¿En qué se parecen las jaulas a las mujeres?
En que a las dos se le mete el pajarito.

¿En qué se parecen los huevos a los óvalos?
En su radio y su diámetro.

¿En qué se parecen un submarino a un encendedor?
En que el submarino echa torpedos, y el encendedor mechas en la punta.

¿En qué se parecen un tren, un limón, un barandal y Frankenstein?
En que el tren tiene pito, el limón zumo, del barandal te agarras y Frankenstein te mete un susto.

¿Por qué le dicen a tu hermana "el saludo"?
Porque a nadie se le niega.

¿Qué prefieres regalar a tu novia: una rosa blanca o un clavel negro?

¿Por qué le dicen a tu hermana "el Ángel de la independencia"?
Porque le da las nalgas a medio D.F.

¿Por qué le dicen el mole?
Porque está hecho de varios chiles.

¿Qué es negro y gordo por fuera, blanco por dentro y te lo comes con gran deleite?
Un pingüino Marinela.

¿Qué le dijo el tigre a la gallina?
Tú me ganarás a huevos, pero ¿a garras?

¿Qué le dijo una de tus nalgas a la otra?
¡Diablos, ahí viene ese pinche pelón otra vez!

¿Qué le dijo una rodilla a la otra?
El de arriba es hippie.

¿Qué se dice en Cuba cuando alguien abre la puerta?
¡Pasa, chico!

¿Qué son dos cosas redondas y negras, que si las muerdes sale crema blanca?
Dos pingüinos Marinela.

Si el diminutivo de casa es casita,
¿cuál es diminutivo de metemelpe?

Empezemos con el saco amarillo, manguera larga, seguido por mi casco rojo con pico atras, y además botas hasta las nalgas. ¿Quién soy?
El bombero.

Si estás en un partido del América y le gritas tres veces ¡hurra! a cada jugador, entonces ¿a cuántos hurraste?
A todos hurraste.

Si le pongo techo a un edificio el martes, y a dos edificios el viernes, en total,
¿cuántos teché?
Teché tres.

Dichos, refranes, frases célebres, máximas y demás...

No es lo mismo…

…Anita siéntate en la hamaca, que siéntate en la macanita.

…Apalear un techo, que techar un palo.

…Barco renco, que yate cojo.

…Calzones a bajo precio, que aprecio tus calzones abajo.

…Chiles en el monte, que móntese en el chile.

…Dormirse al instante, que dormirse en el acto.

…Échale ganas, que échame las nalgas.

…El Consulado General de Chile, que el General con su chile de lado.

…Emeterio, Zacarías, Saturnino y Guajardo, que Meterlo, Sacarlo, Sacudirlo y Guardarlo.

…Enchílame esta gorda, que engórdame este chile.

…Huele a traste, que atrás te huele.

…La cómoda de tu hermana, que acomódame a tu hermana.

…La hija del Rahjah, que la raja de la hija.

…La niña en el Canal de la Mancha, que la mancha en el canal de la niña.

…La papaya tapatía, que tápate, tía, la papaya.

…La verdura, que verla dura.

…Le soplé el queso, que el quesoplaste.

…Lino pásame el remo, que pásame el remo Lino.

…Los montes de Tapachula, que tápate los montes chula.

…Me baño en el lago, que me la hago en el baño.

…Me baño en el río, que me río en el baño.

…Meter al robachicos a la carcel, que sacarse el robalo y meterlo en el chico.

…Meto tela por atrás, que por atrás tela meto.

…Montecarlo, que Carlos te monte.

…Palos en el monte, que montes en el palo.

…Papas en chile, que chile en papas.

…Ramona cabrera, que cabrona ramera.

…Ramos tente el talego, que tente ramos el talego.

…Ser de Tula, que ser tuleño.

…Tener un hambre atroz, que tener un hombre atrás.

…Tu hermana en el jardín del Edén, que le den a tu hermana en el jardín.

…Tubérculo, que ver tu culo.

…Un enchufe negro, que un negro te enchufe.

…Un metro de encaje negro, que un negro te encaje un metro.

…Un motivo tuvo, que tener un tubo metido.

Aforismos de Pitótragas y Nalgómedas...

- ¿Cuánto pesa un saco de cacahuates?

- ¿Cuánto pesa un saco de café con pasas?

- ¿Cuánto me toca por un camote en papas?

- ¿Cuántos pecados comete un chile?

- ¿El plátano te lo comes pelado o con todo y pellejo?

- ¿Es verdad que van a mandar a un burro a Marte?

- ¿Qué te gustaría más, todo adentro o nada afuera?

- ¿Si comieras huevos y chorizo, cual zurrarías primero?

- ¿Si la prieta linda es prima mía, su mama's mi tía?

- ¿Si me cayera en un mar de leche, me sacarías?

- ¿Si te diera una naranja con cáscara, me la pelarías?

- ¿Si te pidiera las buenas noches, me las darías?

- ¿Si un burro fuera muy flatulento, le pondrías *El pedorro*?

• ¿Si un burro viviera en un basurero, le pondrías *El apestoso*?

• ¿Si un burro viviera en un chiquero, le pondrías *El cochino*?

• A los chilaquiles con crema, ¿le sacas?

• Cuando te cases, ¿sentarás cabeza?

• En las taquerías, ¿comes parado?

• Si a los hermanos les gustan las nueces… a las hermanas, ¿las pasas?

Adivinanzas...

Doblado como alcayata, sobre ti me coloco en tu agujero, hasta el centro te meto toda la reata, y pujando poco a poco extraigo lo que hay adentro. ¿Qué es?
Agua del pozo.

En la mano de las damas a menudo estoy metido, unas veces estirado y otras veces encogido. ¿Quién soy?
El abanico.

En un taller de medias cuatro empleadas trabajan, las cuatro discuten y se dicen obscenida-

des. ¿Cómo se llama la obra?
Cuatro peladas medieras.

Entra duro, sale blando y quedan los pelos colgando, ¿qué es?
El elote.

Hombre y mujer esperan a que sea de noche para hacerlo, ¿qué es?
La cena.

Jugando con el garrote te puede hacer dar maromas, y si a la esquina te asomas, ahí lo verás paradote. ¿Quién es?
El gendarme.

Largo como una cuarta, gordo cual debe de ser, con pelos en un extremo y muchachos puede hacer. ¿Quién soy?
El pincel.

Lo duro se mete en lo aguado, y lo que sobra queda colgado. ¿Qué es?
El arete.

Sale Piolín; sale una botella de salsa de tomate; salen unos pays de manzana. ¿Cómo se llama la obra?
El pájaro ketchup pays.

Tendérete en un petate, bajárete el camisón, metérete el instrumento y hacérete la función.

¿Qué es?
La inyección

Sale un niño de 6 años; sale una casa con cerca de madera; el niño se orina en la cerca de la casa y en las del resto del vecindario. ¿Cómo se llama la obra?
El chico que mea cercas.

Señoras y señoritas, casadas y solteritas, se las meten estiradas y las sacan arrugadas. ¿Qué son?
Las medias.

Si te pones a pelar mi lustrosa cabeza te haré llorar aunque tengas entereza. ¿Quién soy?
La cebolla.

Te extiendo y te abro, no cabe duda, y te hundo una cuarta de carne cruda. ¿Qué es?
El calcetín.

Grafitis

Los grafitis y demás expresiones que vemos en las paredes y bardas de la ciudad, contienen un muy variado tipo de manifestaciones. Entre ellas, he encontrado algunos albures ingeniosos que a continuación te presento.

¡Extra, extra! Secuestraron a la maestra, la llevaron a la playa, le metieron la papaya, la colgaron de un pino y le metieron el pepino… ¡Hasta la Victoria… Secret!

¡Pégueles cu' lo que encuentre!

¡SAZ! ¡Me la chupas y te vas!

¿Cómo sigues de lo llovido?

¿Cómo te quedó el ojo? ¿Tirante o flojo?

¿Jugamos a teto teto? Tú te empinas y yo te la meto.

¿Por qué los frijoles vienen en sacos, los plátanos en cajones y la calabaza en barras?

¿Te gusta a ti ese son?

"¡Cállese muchacho grosero o lo meto al bote!", dijo el poli. "Usted que me mete al bote y yo que le meto el garrote…"

"A huevo", dijo ensarto. "A huevo", dijo clavo.

A mí me la ve Sansón y me la peina Dalila.

A mí no me la tizna ni el cura, ni en miércoles de ceniza.

A mí se me hace pelón San Lucas y calva la Magdalena.

A mí se me hace flaca la Dolorosa y Santiago barrigón.

A mí ya ni la flaca me pela... ni el chico me pone atención.

A ti ni quien te coja... y ya tienes los calzones en la mano.

Ahí les van estos fierros... hoy que es día de su bautizo.

Ahí se la ve... si todavía la tiene en el mismo lugar.

Ahí va un bombero con gorro de picote atrás, y botas hasta el culo.

Al chile, pelón con suelas de hule vulcanizado.

Al chile, sí me cagaste con tus albures.

Al chile, si no hubieras nacido te inventa Walt Disney.

A alburear me ganas, pero a un burro se la mamas y a un elefante con más ganas.

Ni chica ni grande, pero no te quedas con hambre.

Al mal paso, darle Gerber.

Al que obra mal, se le pudre el tamal.

Algún día seré camarón… y me chuparás la cabeza.

Algún día seré tortuga… y me chuparas los huevos.

Aquí huele a azucena.

Aquí se rompió una jerga y usted se va a la…

Atrás se pide, pero por delante se despacha.

Barriga llena, corazón… ¿qué hacemos?

Cojo mucho gusto pon'charlar tanto.

Como dijo aguado: "te dejo".

Cómo eres grosero, yo que te hacía un niño bueno.

Culo no curo, nomás receto.

Donde pongo el ojo, pongo la vara.

El mi taller se hace desde una chaveta hasta un chavito.

El miércoles es día flojo.

El que hambre tiene en pan piensa... y el que no, es que ya se lo comió.

El que lo mete no cumple lo que promete.

El sexo es una enfermedad que acaba en la cama.

Pongan a trabajar esa cabeza, ¡su momento es ahora!

En albures me ganarás, pero en chilango me la pelarás.

En albures soy un pollito, pero pregúntale a tu jefa como le deje el hoyito.

En las noticias pasaron un árbol que en la punta limas, en el tronco rosas, y atrás, pasas.

Quiero pero no puedo... Deseo pero no debo... Picarte la cola porque se me embarra el dedo...

En mejores tepalcates he frito mi longaniza.

Es muy duro darte gusto...

Esa reata ya no existe, porque tú se la mordiste...

Ese albur me llegó al corazón, pero pregúntale a tu jefa cómo le sumo el pelón.

Ese albur no me dio gracia; pero tu cola en mi tranca hace gimnasia.

Está bien que chinguen, pero a su madre... ¡la respetan!

Está tan húmedo, que me sale hasta en los huevos lama.

Ganamos, perdimos... la reata les metimos.
Perdimos, ganamos... la ñonga les sacamos.

Ha sido una sorpresa encontrar gente como ustedes en el fin de mileño.

La calidad es, a lo sumo, grande.

La que quiera azul celeste, que se acueste.

La vergüenza y la doncellez se pierden sólo una vez.

La vida es como un papalote, así que siéntense a verla volar.

Las mamadas... ¡al chile!

Las mujeres tienen un sexto sentido, porque perdieron el quinto.

Le dijo la guacamaya al pájaro azul turquí: ¡Vamos a la chingada!, ¿qué estamos haciendo aquí?

Leo, leo, tú con las nalgas y yo con el dedo.

Más feo que uno cagando, es otro mirando.

Más vale pájaro en mano, que siento mucho lo ocurrido.

Más vale prevenir que amamantar.

Más vale prevenir que bautizar.

Más vale prevenir que la mentársela.

Me brinco la barda, me brinco el portón, me cojo a tu hermana y a ti de pilón.

A huevo apestas, joto si me contestas, en la cama te me acuestas y tu hermana me la prestas.

Me prestas a tu hermana, nada más una semana, pero no te la entrego sana.

El que es perico donde quiera es verde, y el que es pendejo donde quiera pierde.

Mi marido es luterano… le da lo mismo por el útero que por el ano.

Mientras sea agujero, aunque sea de caballero.

Mientras sea hoyo aunque sea de pollo.

Monterrey, donde siempre te reciben con las piernas abiertas.

Mujer profana, que con el culo dinero gana, siempre hace lo que le da su gana.

No desearás a la mujer de tu prójimo (mucho menos a tu prójimo).

No hablen de nalgas, porque me dan asco.

No hay pedo, a la larga s'acostumbras.

No importa lo grueso, sino lo travieso.

No importa lo larga o lo gruesa, sino el tiempo que dura tiesa.

No me los eches al aire que no soy tu gavilán, échamelos en la punta y que me sirvan de gabán.

No soy de Alvarado sino de Jalapa, o sea jalapito.

Nunca digas no, aunque te llenes de hijos.

Palo dado... ¡Adiós loquita!

Pareces niño con la leche en los labios.

Que chingue a su madre el Presidente: yo tomo Bacardí.

Sacualco le dijo a botas: "sacúdeme las pelotas, y si quieres ganar lana, sacúdemelas de nuevo".

Salubridad lo recoja, y un perro se lo coja.

Yo Querétaro Metepec mi Chilpancingo en tu Culiacán, aunque te Zacatepec la Cacayoxtla.

Si al cabo me lo has de dar, no me lo des a desear.

Si alguien me quiere poner algún apodo, me puede poner el pedorro o el cagón, realmente no hay pedo.

Si sientes feo cuando me voy... ¿qué sientes cuando me vengo?

Si vas a empezar con mamadas, me apunto con un par.

Si ven a Cuahutémoc Blanco sáquenle una foto para que la publiquen, porque en cuanto yo lo vea le saco la amarilla, ya que a ese chico le gusta el juego brusco.

A este muchachito "le gusta lavar-a-jeno".

Ya dejen de estar haciéndole el amor al Compayito.

Tu papá ya me dio lo que me debía, porque tu mamá es tacaña.

¿Te acuerdas cuando te puse el mono? ¡Pero morado!

Siento que me huele a garras y la cola atrapo.

Tan joto es el que da, como el que recibe.

Te cabe toda… la razón.

Te traigo un regarrote de cumpleaños.

Tienes toda la razón adentro.

Tú eres tan alto que te doy hasta el pito.

Tú eres tan chaparro que me das hasta las nalgas.

Tú me la Pérez Prado con canciones de Agustín Lara.

Un saludo desde la tierra del chorizo; les mando unos tramos en cajetillas para que se los repartan…

Usted se ve decentón… ¡pero en el fierro!

Y me voy como dijo el cosaco… Ahí les dejo mi torpedo.

Y no te aviento el balero porque se ve que te gustan los capiruchos.

Ya sabes que si hay algún pedo, yo saco la cara por ti.

Yo loco loco y ella loquita.

Un panfleto…

Un día iba caminando por el centro de una ciudad en provincia, y me dio mucha risa un panfleto que repartía alegremente un muchacho maldoso. En él se podía leer lo siguiente:

Decreto:
Todas aquellas parejas que sean sorprendidas en el auto, cine, lugares solitarios, parques, detrás del deshuesadero, frente al Palacio Mu-

nicipal, calles, avenidas o en cualquier lugar público de la ciudad y su valle cometiendo actos como los que a continuación se describen, serán multados conforme a la siguiente tarifa:

Mano en el muslo	2 salarios mínimos.
La mano en *aquello*	3 salarios mínimos.
Aquello en la mano	5 salarios mínimos.
Aquello en la boca	8 salarios mínimos.
La boca en *aquello*	9 salarios mínimos.
Aquello en *aquellito*	10 salarios mínimos.
Aquello con *aquellito*	12 salarios mínimos.
Aquello delante de *aquellito*	15 salarios mínimos.
Aquello detrás de *aquellito*	20 salarios mínimos.
Aquello dentro de *aquellito*	30 salarios mínimos.

Nota. Nuestra labor no es multar, sino prevenir.

Ahora bien, ya para estas alturas, seguramente sabes que es **aquello y aquellito**, ¿verdad? ¡¡No!! Bueno, y sólo porque en este libro estamos enseñándote el arte del albur, trataré de explicarte a qué se refieren.

Aquello...

...Da leche y no es vaca.

...Hace engordar sin ser vitamina.

…Hace hogares felices sin ser lotería.

…Lo pelan pero es calvo.

…No es acordeón, pero se estira y se encoje.

…No es analgésico, pero calma y relaja.

…No es atractivo, pero las mujeres se vuelven locas por él.

…No es bombero, pero tiene casco.

…No es caballero, pero se pone de pie para que te sientes.

…No es instrumento, pero lo tocan.

…No es mal educado, pero escupe.

…No es marciano, pero tiene un solo ojo.

…No es murciélago, pero vive colgado.

…No es palmera, pero tiene cocos.

…No es soldado, pero ataca por delante y por detrás.

…No pertenece a ningún club, pero le dicen miembro.

…No piensa, pero tiene cabeza.

…No produce música, pero le dicen órgano.

…Se para y no tiene pies.

…Tiene freno y no es camión.

…Tiene huevos sin ser gallina.

…Usa capote y no es torero.

Aquellito…

…Es sangrón y no hace chistes.

…Le echan palos y no es fogata.

…Lo abrochan y no es botón.

…Lo rompen sin ser piñata.

…No es caballo pero come parado.

…No es paraguas pero aguanta chorros.

…Puede hacer tortillas sin masa.

…Se vienen en él y no es camión.

…Tiene niños y no es guardería.

…Usa caballo y no es jinete.

Bella misiva...

Un día que mi madre me mandó a limpiar el sótano de su casa, me encontré con una carta que mi abuelo le mandó a una fulana que jamás lo peló. La leí y creí que mi abuelo era un tipo sentimental y bueno de la vieja guardia, de esos caballeros que ya no hay. Pero después de leer y releer la misiva, descubrí de dónde me viene lo mula y canijo.

Josefina:

Apasionado y hondamente la quiero a usted joven hermosa, como es natural yo deseo proceder con toda prontitud y eficacia al fin de presentarla luego al altar de la iglesia y no engañarla vilmente, pues pienso que es usted la más pu-

ra y el modelo inevitable y mujer buena y casta que pueda haber existido.

Asimismo, deseo depositar en usted todo el secreto de mi alma e impedir que mis venas se quemen con ardiente pasión y después de haber formalizado nuestras ralaciones y haber comunicado a su madrecita y hermanitas, quedaría mi verdadera pasión correspondida al fin de que la haga muy feliz ante tanta emoción.

La verdad le digo que el más afortunado cupido, mirándonos con tan ardiente anhelo, envidiaría nuestra dicha pues créame que el conocer la felicidad matrimonial que desea toda mujer es lo más importante en la vida.

Romántico, hermoso, digno de enviarlo a la mujer de nuestros sueños... bien, ahora lean sólo los versos impares.

El periódico...

Leyendo el periódico también encontraremos noticias que, ya sea por sus participantes, por los lugares donde ocurren o por los hechos que narran, se convierten en lindos albures que nos hacen reír un buen rato. Éstos son algunos ejemplos:

Arte y cultura: Al teatro Blanquita le echamos de menos por sus famosas trilogías teatrales que ahora son de tanto éxito en el nuevo Teatro Nado. Entre ellas se destaca aquella añeja puesta en escena de *Bésame mucho*, *El rifle* y *Los de abajo*, que sin menoscabo de la obra *Pelados del Sur*, conforma la excelencia en este arte típico mexicano. Algunas de estas obras, en sus versiones originales, no obstante, aún pueden ser obtenidas en discos de la marca Gando.

Ciencia y conocimiento: El instituto dermatológico internacional recomienda que para el cuidado del rostro jabón y agua es suficiente. Esto contradice la insistencia de ciertas marcas de cosméticos que aseguran que si se lo lava con camay le queda terso el cutis. Algunas han llegado hasta el descaro de ofrecerle al ama de casa que se lo humectan con un aplicador cilíndrico especial que cabe en los lugares chicos.

Deportes: El comité internacional olímpico ha decidido recomendar las siguientes categorías para los siguientes juegos de verano: Cientes metros libres, remar en lancha, salto con garrocha, sumo, clavado en el centro de la piscina y acrobacia con el yo-yo. La comitiva ha manifestado particular interés en determinar si los competidores aguantan la milla corriendo. También trascendió la recomendación de qué ejercicio practicar en suelo duro; la mayoría prefiere sentadillas.

Espectáculo: La noche de ayer tuvieron lugar simultáneamente los dos certámenes de belleza del mercado Portales y de la Central de Abasto de la ciudad. Respectivamente, estos fueron Señorita Huevos y Señorita Aguacates 2007. Aunque sería difícil decidir cuál de las dos competencias produjo a la mayor belleza, todos los verduleros llegaron a la conclusión de que mientras unos prefieren acariciar a Miss Aguacates, otros se mueren por besar a Miss Huevos.

Literatura: Próximamente estarán a la venta los títulos de la nueva colección *Fin de mileño*, de editorial San Casabro. Estos son: *Lágrimas de mi chorizo, Por tus pujidos nos cacharon, La compañía de tus lombrices, Te descalabro tu solitaria, En la cama llorarás* y *El llanto del cíclope enamorado.* No se pierda estos apasionantes títulos, próximamente a la venta en librerías y tiendes y te servicio.

Nota roja: Ante el alarmante descenso en la población local, el Congreso municipal ha concluido un exhaustivo estudio en el que se ha determinado que la causa del incremento negativo en la natalidad de la entidad se debe, aunque usted no lo crea, a la campaña emprendida por el gobierno municipal para el control del crimen. Y es que el municipio había puesto los siguientes letreros por toda la ciudad para alertar a la ciudadanía que no toleraría a nadie fuera de sus casas pasadas ciertas horas altas: *La policía arrestará a todo aquél que coja de noche.*

Sociales: 20 de octubre, Tejeringo el Chico, Michoacán, cerca de Tecojorita y Tenalgueo el Grande, famosos por su producción de queso baras, queso babas, queso badotas y queso plas, que por mucho superan a los franceses. En un hermoso día de otoño, contrajeron nupcias la señorita Pilar Godoy y el siempre bien ponderado y atractivo Aquiles Baeza Parada; bajo la bendición del Cura Melañonga, sucesor del Cura Melchorizo (que fue nombrado muchos años antes por el Cardenal Gasdás) en la parroquia de nuestra señora Dolores Meraz.

Las damas de honor en la ceremonia religiosa fueron las encantadoras hermanas Melo: Rosa, Deborah y Rita, y por supuesto, la mamá Melo, quien se mostró muy feliz por el gran acontecimiento. El banquete resultó ser un gran éxito, pues acudieron muchísimos invitados.

Algunos venían de lugares tan lejanos como Lomas Turbo y Lomas Ajeo, como el millonario Agapito Melorques y su esposa Alma Marcela Silva de Alegría; también asistieron aristócratas como Zacarías Blanco de la Barra, descendiente directo del Zar Zacarías el Grande; personajes internacionalmente conocidos como Willy Milano, Elber Gun y Very Hon y la señora Yoko Ito. El maestro Sebino Sobretti, vestido elegantemente con un traje de Telas de Joir, fue quien dirigió la orquesta en tan prestigiada fiesta. Las niñas Concha, Queta, Mela y Rita, sobrinas del novio, fueron las primeras en correr hacia el banquete, después de que Guillermo Costecho le gritó a la mayor: "¡Agarra mesa grande!"

Una vez que se instalaron todos los invitados en sus respectivos lugares, llegaron los meseros a servir el banquete, en él hubo de todo. Como entrada se sirvieron picaditas de huevo y tacos de lomo amuelo, pero lo que más gustó fue el consomé costecho. También se sirvió un coctel de ostiones, aunque no faltó quien hiciera una crítica: "Mi amor, ¿a poco no están mejor los ostiones que te disparé en el centro?" Definitivamente lo mejor fue el raspado de anís que se dio al final; los que se quedaron con ganas de postre, pues no alcanzó para todos, se fueron con Rosa, La manguera, conocida por su gran variedad de postres de mango.

En la puerta de la casa del chico temido del pueblo, mejor conocido como el Coyote cojo, se armó un pleito tremendo cuando se oyó: "¡Ayer te vi sentado en la parada, con tu supuesta novia, una tal Carmela Peláez!"; se empezaron a pelear, llegó otro tipo de mala fama, Memo Hérdez, El pelón, y se armó un lío. La fiesta seguía y nadie se dio cuenta del pleito, excepto Don Agapito Vélez Obando, que salió corriendo del lugar pues, según

Mónica Galindo, comió mucho y lo agarró Chole de la mano. Don Agapito regresó poco después, pero con un tremendo dolor de cabeza; algunos insistían en que chupara limón, mientras otros le decían que se sentara.

Muchos de los jóvenes invitados disfrutaron a solas de la presencia de Manuela la de Palma, quien asistió también al evento. A pesar de estos pequeños incidentes, la fiesta pudo continuar en paz, gracias al mensaje que emitió Eduardo Cota, mejor conocido como Lalo, el cual iba ataviado con un elegante traje de color rosa, confeccionado con una fina tela de las famosas tiendas Telas Poncho, negocio que heredó Alfonso hijo, o sea Poncho el chico, quien también estuvo presente y disfrutó del magno evento. Por último no debemos olvidar a mi gran amigo Eduardo N. Ganiza –Lalo– y su primo Francisco Jerte –Paco– y a sus bellas acompañantes Rosa Melcacho y Alma María Rico.

Turismo: Entrevistado por nuestro corresponsal, un vecino opinó sobre su visita a uno de los estados de la República: "La única cosa que me gusta de Puebla, es que es un estado famoso por sus iglesias, el zafari, los camotes y su mole, que se produce en gran cantidad. Los camotes se guardan en cajones para evitar que se descompongan. Esto sucede muy a menudo con el lomo, que cuando está lloviendo, se echa a perder".

También en los diarios podemos encontrar avisos de ocasión muy ingeniosos. Aquí una muestra:

• Cambio a mi suegra por una culebra. Pago diferencia.

• En la casa, en el taller y en la oficina, tenga usted PITOCILINA… ¡ah que buena medicina!

• Vendo dijes, cadenas, relojes, anillos y mechas pa' candiles.

• Ofrezco servicio del Mariachi Chotas; vara para sus reuniones al teléfono…

• Si quieres recibir dos talegas repletas de dinero y un chorro de felicidad, acércate a Banco Jones.

• Se solicita joven con ganas de trabajar en el rastro, subiendo y bajando cueros.

• Se solicita joven para acomodar mesas en restaurante.

• Se solicita mozo para cargar vigas de en medio.

• También se necesita una chica con estudios de peluquería para atender cabezas en un salón de belleza.

• El Lienzo Charro del sur necesita un joven que sepa florear y saltar la reata.

• Para que no se le arrugue, para que no se le maltrate la credencial, Mica Mote deberá usted usar.

• Para no tener vecinos indeseables en su lote, Cercas Trado es su mejor opción.

• Y por último, la Fonda de Don Anselmo solicita una amable y alegre señorita para vender sus tortas. Interesados marcar al...

Historia verdadera...

Una monja caminaba por las calles del centro de la ciudad acompañada de un grupo de internas cuando, de la nada, sale un hombre bien formado y desnudo. Al sentirse responsable por la integridad física y moral de las monjitas, les ordena salir corriendo en dirección contraria mientras ella brinca sobre el maleante desnudo. Tratando de controlar al fuerte y bien dotado hombre, empieza a rezar:

¡Ay san Eloy, esto no lo había sentido hasta hoy!

¡Ay santa María, yo esto no quería!

¡Ay padre nuestro, que bueno está esto!

¡Ay san Bernardino, siento que me orino!

¡Ay san Alejo, se me está rompiendo el pellejo!

¡Ay santa Marta, esto mide más de una cuarta!

¡Ay san Federico, mira que esto está rico!

¡Ay san Clemente, mira que esto está caliente!

¡Ay san Benito, mira que esto es muy bonito!

¡Ay san Rolando, siento que me estoy mojando!

¡Ay san Rosendo, ¿será que me estoy viniendo?!

¡Ay san Tomás, estoy que no aguanto más!

¡Ay san Bernabé, siento que ya acabé!

¡Ay santa Canuta, me salgo de monja y me meto de puta!

Chingar y Madre....

Dentro del vocabulario entre los mexicanos, podemos encontrar dos palabras que, a diferencia de casi todas las demás existentes en el español –y seguramente cualquier otro idioma–, manifiestan un sinnúmero de significados. Usarlas puede resultar difícil para cualquiera que desconozca la idiosincrasia de nuestra raza. No obstante, nosotros, desde muy pequeños, comenzamos a usarlas con familiaridad.

Supongo que para poder explicar las posibilidades de las palabras *chingar* y *madre*, lo mejor es hacerlo con ejemplos. Así pues, empecemos con "chingar".

Para manifestar...

...Aceptación o gusto por algo: ¡Esta playera chingona!

...Admiración por cierta cosa: ¡Esa canción está chingonsísima!

...Desaprobación de algo: ¡Esta película es una chingadera!

...El abuso del que podemos ser objeto: ¡El jefe está chingue y chingue con lo mismo!

...Nuestra intención de verle la cara a alguien: ¡A ese tarugo me lo voy a chingar!

...El hurto o robo de algún objeto: ¡Me chingaron la cartera!

...El máximo insulto para un mexicano: ¡Chinga tu madre!

…El trabajo duro: ¡La única forma de llegar a tener algo es chingándole!

…El trabajo excesivo o actividad extenuante: ¡Me llevé una chinga!
…Enojo por ser molestados por algo: ¡No me chingues, ve tú por él!

…Gran cantidad de algo: ¡Mi amor, te quiero un chingo!

…La falta, descuido o mala acción de alguien: ¡Ya ni la chingas!

…La habilidad de alguien en algo: ¡Alex es un chingón tocando!

…La ineptitud de alguien o algo: ¡No vayas con ese peluquero, vale para una chingada!

…Lo espectacular de un artículo: ¡Ese coche es una chingonería!

…Lo pesado de alguna labor: ¡Este trabajo es una chinga!

…Más que mucho o exagerado: Un chinga-madral, un chingaputamadral.

…Para sobresaltar la habilidad de alguien: ¡Ese guey es un chingón!

...Poca cantidad de algo: La pila de mi reloj es una chingaderita.

...Que alguien debe picar piedra: ¡Déjalo que se chingue, para que aprenda!

...Que no estamos dispuestos a aceptar trampas: ¡No se valen chingaderas!

...Que nos dejen de molestar con algo: ¡Ya chinga! ¡Con una chingada!

...Que obtuvimos los favores de una dama, o que vencimos o tranzamos a alguien: ¡Me la/o chingué!

...Victoria en algún evento: ¡Ya chingamos!

En resumen, se ha escrito un chingo sobre el verbo chingar, y son un chinguero de personas las que han tratado de explicarlo, chingándose definiciones de alguien más chingón que ellos. Es una verdadera chinga el intentar explicar todos los usos de esta bendita palabra, pero si he logrado que lo entiendas con claridad, ya chingué.

Ahora bien, terminemos estos ejemplos con "madre":

Para manifestar:

...Accidente: Se dio en la madre.

...Adjetivo calificativo de aprobación: Eres poca madre.

...Adjetivo calificativo de negatividad: ¡Qué poca madre tienes!

...Aguante: Me tiene hasta la madre.

...Ánimo: Apúrate con esa madre.

...Carencia de importancia: Me vale madres.

...Comodidad: Estoy a toda madre en esta silla.

...Creatividad: Vamos a hacer esa madre.

...Desorden: ¡Pero que desmadre es este!

...Despectivo: ¡No sé qué madres se cree ese guey!

...Determinación: Vamos a terminar esa madre.

...Duda: No te creo ni madres.

...Efecto visual: No se ve ni madres desde aquí.

...Especulación: ¿Qué es esa madre?

...Exceso de velocidad: Va hecho la madre.

...Exquisitez en el arte culinario: Eso sabe a madres.

...Felicidad: ¡Está a toda madre!

...Honorabilidad: Te lo juro por mi madre.

...Mecánica: No tengo la más remota idea de cómo funciona esta madre.

...Negativa rotunda: ¡¡¡Ni madres!!!

...Pasado imperfecto: Lo que me hiciste no tuvo madre.

...Prestidigitador: Lo que toca mi vieja le da en la madre.

...Reclamo: ¡Qué poca madre tienes! / ¡No tienes madre!

...Revancha: Vamos a darle en la madre.

...Sentido del olfato: La boca te huele a madres.

...Sorpresa: ¡¡¡Madres!!!

...Superlativo: Está a todísima madre.

…Tacañería: No me dio ni madres.

…Ubicación geográfica: ¿Dónde está esa madre?

…Valor nutricional: Más vale que te comas esa madre.

De la teoría a la práctica...

Pues bien, ha llegado la hora de poner en práctica lo hasta aquí aprendido. A continuación encontrarás juegos de albures entre dos personas que te servirán para ver qué tanto has logrado aprender del albur. Todos los ejemplos y muestras que te hemos mostrado a lo largo de estas páginas, ahora los verás en plena acción.

Los "encuentros" de albures se llevan a cabo en cualquier lugar y a cualquier hora. De hecho, hay eventos en estados como Michoacán, Jalisco e Hidalgo, donde hay competencias abiertas al público engeneral donde los albureros demuestran su habilidad en este mexicanísimo arte.

Pues bien, suerte y atención con cada palabra que a continuación encuentres.

–Quema mucho el sol…
–Quema más la luna…
–Quema más abajo.

–Saco…
–La leche del burro flaco…
–pa' ti y pa' tu chamaco.

–¿Algo de tomar, compadre?
–Yo prefiero Ron Polano.
–Aguas… que por eso te puede dar un viento polaco.
–Mejor que me eche los vientos en la punta… del cerro.

–¡Ah travieso muchacho…!
–Con la boca todo el cacho.
–Si no le agarraste lo repito.
–Pa' que lo comas frito.

–¡Pelón!
–Me agarras distraído.
–¿Que lo traes caído?
–Agárrame confianza.
–No… me duele la cabeza.
–Chupa limón.
–Échale sal…
–Al animal…
–Sobre tus lomos…
–Palomos… échalos a volar.
–Y a tu cola van a dar…
–Préstame mil pesos…
–A tu hermana…
–¿A cuál la cabezona, la morena o la velluda?
–¿'Sentonces qué?
–¿Chu'pasó?
–Mame usted…
–Después de usted.

–¿Juego?
–Las bolas del borrego
–¡Órale, tú las chupas y yo las muevo!

—Huele a obo…
—¿Qué es obo?
—El leño.

—Huele a carbo…
—¿Qué es carbo?
—¡El camote!

—¡Pero mira nada más qué panzota tienes!…
—Sí, ¿verdad? Es de agobio por tanto trabajo.
—¿Te doy tu medicina?

—Pos' como dijo aguado: te dejo…
—Pos' como dijo el mocos: les echo de menos…
—Sácale por allá, ¡cochino!
—Pero mierda con un palito.
—No, lo que dijo el Cardenal Gasponte: ahí les van estos fierros hoy que es día de su bautizo.
—Con la mano la revuelves bien.
—Con la boca la pruebas pa' ver si está buena.
—Y con las nachas me das a probar… pa' que no se desperdicie.

–Se ve que esos dos se conocen de atrás tiempo...

–Claro, se conocen de la colonia, me acuerdo porque de chamacos... les hacía puras maldades.

–¡Ese chapopote!

–¡Saco con el camote!

–¡Lo siento! Digo, ¡ese cacarizo!

–¡Saco con el chorizo!

–¡Cuando vayas a la costa me traes pescado!

–¿De cuál?

–¡De los huevos!

–¡No mames, esas se pegan abajo!

–¡Muévele al badajo!

–¡Techo!

–Las nalgas al pecho

–Tu empinado y yo derecho

–Tu culo pa' mi provecho

–Oye, y cambiando de tema, ¿quieres a Carmela?

–¿Y tú quieres a Carlos?

–No, pos' mejor dime como dijo Dolores, llámame Lola nomás.

–Bueno panzón, pos' lo dejo.

–Pero con el machete bien viejo.

–¡Atasco!

–¡De calabaza!

–¡Le saco al parche!

–¡Te pongo contento!

–¡Chico no juegues!

–¡Agosto es lluvioso!

–¡Y más en tu pozo!

–¡Pelón, me chingaste!

–¡No juegues con eso!

–¿No quieres el tieso?

–¡La ley me ampara!

–¡Y caca te sacara!

–¡Le saco!

–¡Jocoque!

–¡Mejor no porque empanzurra duro!

–¡Me lambestido de charro!

–Ya me le fui largo, así que ahí muere.

–¿¡Qué pedo!?

–Sacoalco le dijo al botas, si quieres ganar dinero, pues ráscame las pelotas.

–Tú traes lo pelado por dentro, ¿verdad?

–¡Para nada! Es más, les mando unos tramos en cajetillas pa' que se los repartan.

–Te meto un susto

–Usted lo único que mete es su mano en mi braqueta.

–No mames.

–¡¡Derrames!!

–Pon tu estopa.

–Arranco a correr.

–Parado.

–¡Te aflojo!

–¿Te cojo?

–Te domo, con ese que parece ojo.

–Pero de pescado.

–Tá' lloviendo.

–Y en tú colonia está cayendo.

–Hablando de lluvia, cuando llueve ¿qué prefieres? ¿Ver gotitas o ver gototas?

–Ver gotearte.

–¡Le batimos el chocolate!

–¿Es carbonato lo que tomas antes de decir esas peladeces?

–¡Jalo y saco!

–¡La lengua por el flaco!

–¡El chico te retaco!

–¡Prestas!

–¡La del burro y te acuestas!

–¡Caray! Qué tarde llegaste, amigazo.

–¡Oh! Pos' es que no pasaba el camión.

–Pues llegaste en el puro momento de la comida. ¿Que te echas: un tequis, una chevecha o le tiras al blanco?

–¡Huy oyes! Pues para comenzar jálame un poquito de baba.

–¿Echo el pulque en jarra o en vaso?

–Échamelo, pero que sea curadito de cacahuate.

–Sólo hay de miembrillo, y te va a caer bien porque de comer hay: sopa de verguras, y de guisado va a ver gallinas en tacos, eh… aguallón torneado empapas y enchiladas de olla.

–Bueno, pues comenzaré a comer. Pásame dos teleras.

–¡Cómo no! Oye, ¿te molesto con el chile? Es que me agarra lejos.

–Siéntate, ahorita te lo paso, y me remuerde la conciencia no habértelo pasado antes.

–Te va a gustar mucho el chile, ¡ah!, es mascabel.

–¡Voy! ¿Te gusta a ti eso?

–Me molesta que me hables cuando estoy moviendo el bigote.

–¡Uy! Y'ora, pa' quedar satisfechos, sólo faltan unos frijolianos, los acompletadores.

–Pus acomplétate mejor con un chile relleno.

–¡Uy! Tú luego, luego a repelar.

–La coliflor está antojadiza.

–Pues dámela.

–¿De postre no quieres unos plátanos con crema?

–Me llama la atención que me digas eso, si bien sabes que estoy a dieta. Mejor dame un cafecito.

–El cafecito te lo voy a sacar, pero después no me eches la culpa de que no duermes.

–¡Huy! Hablando de dormir, ¿cómo te caería una dormidita?

–Agarra tu catre.

–Te voy a agarrar de las orejas, y ya estuvo bien, y no me vuelvas a invitar a comer porque con tus alegatos, a la mejor hasta me hace daño la comida.

–¡Voy! Limosnero y con garrote.

–Pues agarra tu comida y guárdatela por la...

–¡Ya sáquese de aquí!

–Oye patas...

–Le van tocando al viento.

–La vara.

–Apúrale que se para.

–Pues chupa limón y se te va como agua.

–Saco los pedos aquí y en Nicaragua.

–Para qué te vas tan lejos, ven y bájate a los chescos.

–Allá tras lomita.

–Sí... allá donde estabas cuando la agua.

–¿Qué agua?

–Cuando la aguantabas.

–¿A tu hermana?

–Me prestas.

–Apestas porque quieres, aquí agita la botella y ponte la loción.

–Barbas tengas 50 cm abajo del esternón.

–Sí... ahí arriba del pelón.

–Zurras.

–Sudas, te echamos aire.

–Pues sóplame en este ojo.

–'Sentonces para qué son los amigos

–Nalga más para echarse la mano.
–Te voy a echar a perder.
–No, no te va a arder, le ponemos crema.
–Sácame de una duda…
–Sí, la crema es amarilla.
–A flojo nadie me gana.
–Aflojas… pero las de atrás.
–Te chingo aquí y en donde estás.
–Sí cabeza.
–Me agarras con tristeza.
–Pues no llores que no te va a doler.
–Chí, como no, ¿qué dijiste… ya se dejo?
–¿Cojo dijo?
–Esa es de primaria, pero ya está grande.
–A caricias no me llevo.
–Siéntate y ahora sí pregúntame lo que quieras.
–¿Pus' a cómo estamos?
–A Leche seis.
–Chispas, ¿tanto así?
–Sí, pero tus calzones son amarillos, ¿no?
–Bajo hasta los talones y veo el fundillo, para asegurarme del color.

–¿Cuál es tu nombre?
–El señor Vergara.
–Siéntese a esperar su turno.

–Oiga… pero la cola me da flojera.

–¿De qué manguera le explico, que atrás del de blanco?

–Echo…

–Las nachas al pecho.

–Yo de lado y tu derecho, y te hago un monumento.

–Te tapo el agujero con cemento y te dejo al albañil adentro.

–Ahora sí me diste miedo.

–Te doy… pero nervio.

–Bueno, ya me voy.

–Sale, ahí los huevos el juegues de la semama tentra.

–O más sebudo el viernes, pero de todos mocos te echo un telefonazo.

–Sale, y cuando veas a la flaca me la paras y le haces una caricia de mi parte.

–Sí, es prima mía.

–A propósito de enchiladas, tus hermanas… ¿cómo están?

–¿Camo te va?

–¿Camo te sientes?

–¿Come testado?

–¿Como le a…nillo?

–¿Qué pasó chico?

–¿Cómo?

–Chile por el lomo.

–Ta' lloviendo.

–Y en tu culo esta cayendo.

–Me chingaste… cabezón.

–Sumo pa' tu cagón.

–El tuyo que es más tragón.

–Pero el tuyo es más ojón.

–Voy a miar. Te lo aviso.

–Llévate la mía, ¿no? También tengo ganas.

–¡La tuya es la que llevo!

–¡Adentro!

–Deja de florear la reata.

–Mejor siéntate un rato.

–En tu lomo.

–Pico y como.

–Del manojo.

–El que tiene cara de ojo.

–Mejor ponle.

–Te voy a poner rojas las orejas.

–Mocho y dejo parejas.

–Ando medio malo de la panza.

–Chales… mastica Melox y se te quita.

–Mejor con té de jocair se me quita.

–¡Mejor chupa Melox!

–Nel; mejor con el damenal… gotas pa' dormir.

–Y si tomas ponteasi, ¿no te sentirás mejor?

–No; ya lo intentó Tomás López Cuezudo y no funcionó.

–Toma Melox y se controla.

–Y tú ve a que te apliquen la inyección de Mipitil Entuanil y verás que se te quita lo que de atrás tiempo te duele.

–No, pa' tu dolor de cabeza no hay nada mejor que tela de joir…

–No, la mejor es la de telas Poncho…

–O gotitas de mifierrin…

–¿Y las telas de jabair, cómo las ves?

–Mejor la tela de Jocair.

–¡Con guevos!

–Revuélveme a repetir eso

—Oye chico, échame una mano con mi trabajo por favor.

—Te voy a echar... pero a perder.

—No, no te va a arder, te voy a poner crema.

—¡Chispas! No puedo cuate.

—Cuates mis tanates, y no se hablan.

—No se hablan, pero sí juegan.

—Te voy a jugar... las nalgas.

—No salgas, yo te chiflo.

—Chíflame en este.

—No lo tuestes, cómetelo crudo. O me agarras cuando te acuestes.

—Chí, cómo no...

—Cómo crees...

—¿Te comes tres? Estás cañón.

—Sentonces...

—Nalga más espérame tantito.

—Oiga compadre, ¿cómo está su hermana?

—No tengo... echas.

—Las hacemos, no hay problema.

—Hágame un favor, páseme mi chaqueta.

—Le voy a hacer un favor... pero de nueve meses.

—Sólo que ahora en agosto.

—No, al rato con Santiago.

–Vete a la verga.

–¿Huele a jerga?, mejor siéntate un rato.

–En tu lomo.

–¿Cómo, cómo?

–Del manojo.

–El que tiene cara de ojo.

–Mejor sóplale.

–Te voy a soplar en las orejas.

–Mocho y dejo parejas.

–Ahora sí me chingaste, cabezón.

–No mames. ¿En serio?

–Derrames, ponte Cotex.

–Estás loquito o que te pasa.

–Sí un poco.

–¡Ese chaquetas! ¡Hazme un servicio!

–Sí... panzón

–Sírveme una torta de las que ma'has dado enalgotras ocasiones.

–¿Quieres una de chile en papas?

–¡Ay cagambas! Mejor trabájame cuatro de milargueza con remamadas de pitomate y guacamote y chile mascabel. Y tú, un cartón de chuperior.

–¡Eh, chocante! No necesitas tantas cortesías. Ya sabes que este gordo esclavo tuyo.

–Si te gusta a ti eso… Ahí te va en un momento.
Pero también tenemos cuarta blanca, negra mordelo…

–No juegues y apúrate que aquí te despedamos.

–Gordito, ya te hacía en tu casa.

–Manuel ¿adónde estabas?

–Chamarra estaba buscando.

–Cuando la encuentres… me haces saberlo.

–¡Chi… cómo crees!

–Mándame decir nomás.

–Pa' lo que gustes.

–¿Chu… pasó?

–Nalga más decía.

–¡Ah, travieso el muchacho!

–¡Pelón! Agarraste la onda.

–Su ración de leperada trae.

–¿Que la pelada atraes o qué?

–No comas ansias.

–Pégame culo'que encuentres.

–Como eres grosero…

–Para dormir está bien…

–A caricias no me llevo…

–Atrás tiempo lo pensé…

–A travieso no me ganas.

–Y te entierras la macana.

–A tu hermana…
–Pasa la voz…
–Te paso el fierro…
–Entierro…
–Los dientes…
–En tus nalgas…
–Te las chingo cuando salgas…
–No salgas… yo te chiflo.
–Pajarito canta…
–Clavo que sí…
–¡¡¡Mocos!!!! Me sacaste de la jugada…
–Sí chico, ¿cómo es posible?
–Mhhh
–¿Te dolió?
–Tu mordida…
–En la cola.
–Dame pistas…
–Grande y ancho…
–Yo paso.
–Las nachas, por payaso…

–Pásele a lo barrido, hay sopes, totopos, peneques.
–Les digo…
–¡San Buto te favorezca!
–Siéntense; no es fuerza que coman parados
–Échame otro con chispolitos.

—¡Zas!

—Pero de los blancos, pues a los cafés le saco… porque me hacen daño.

—¿Te molesto con el chile? No le pusiste. ¿Crees que soy niño?

—¡Santiago perseguido por los mocosos, con los guardas atrás! Qué descuidado soy. ¿Quieres chile de mordelia, Michoacán?

—Ése parece cagamelo de tan dulce; mejor chile queretuano.

—Oye, te ves medio pedo.

—¿Pos' a cómo estamos?

—A lecheséis.

—Agáchate para que te eche.

—Échame… pero las piernas al hombro.

—Le van tocando al viento.

—Te voy a levantar… pero con una estaca.

—A caricias no me llevo.

—¡¡Ay!! ¡¡Caramba!!

—Te acalambras… yo te aflojo.

—Me aflojas… pero las nachas.

—No, la reata.

—Ahora sí, me la pusiste dura.

—A mí me pusiste el rajado.

—Pero hinchado.

—Sí… pero de tanto limarle.

—Pero en tu joroba.

–¿Sabía usted que el plátano en barro se conserva más fresco que en los refrigeradores?

–Pus entonces, ¿por qué lo agarró del refri?

–Porque me agarra más cerca, además está más canijo sacarlo de la olla.

–A propósito de lejanías, ¿lo molesto con el chile?, es que me agarra lejos.

–Nada más jale el mantel y lo tendrá en la mano.

–¡Ah no!, cómo cree que lo voy a jalar, que tal si lo salpico de crema.

–Chispas, no me fijé que ahí estaba el recipiente.

–Sí, ahí junto al de los frijoles de Apizaco que traje en mi ultimo viaje.

–A flojo nadie me gana, así que no lo doy nada.

–Te voy a dar un consejo…

–Puchas gracias…

–De nalgas…

–Cabalgas…

–En el lomo…

–Palomo…

–Cagas plomo

–Sácame de una duda… cabezón

–De ninguna manguera…

–¿Qué te violó una pantera?

–A ti y a tu tía la güera…

–¿Esa que se encuera?

–Esa es tu madre, que la dejo caliente.

–Señito, ¿me da dos pellizcadas de huevo?
–Sí, clavo. ¿Le meto chorizo?
–No, porque me pegan las agruras.

–¿Te habló Luis?
–¿Cuál Luis?
–El que te dejó adentro su lombriz.
–¿Te habló Tato?
–¿Cuál Tato?
–Al que le pasas las nachas a cada rato.
–¿Te habló Arturo?
–¿Cuál Arturo?
–El que te metió medio puro.
–¿Te habló Toño?
–¿Cuál Toño?
–El que te puso los huevos de moño.
–¿Te habló Méndez?
–¿Cuál Méndez?
–Al que el chile constantemente le muerdes.
–¿Te habló Mario?
–¿Cuál Mario?
–El que te salta desde el armario.
–¿Te habló Josué el chimuelo?
–¿Cuál Josué el chimuelo?
–El mismo que al morderte te da consuelo.

Índice

TÍTULOS DE ESTA COLECCIÓN

Esta obra se terminó de imprimir en
OFFSET LIBRA, Francisco I. Madero No. 31,
Barrio San Miguel Iztacalco, C.P. 08650,
México, D.F. Tel: 5590-8269